Arndt E. Schnepper
Andreas A. Junge

Geld für Gott

Das Fundraising-Buch für Kirche und Gemeinde

SCM R.Brockhaus

SCM

Stiftung Christliche Medien

Fotos: Fotolia.de; pixelio.de; MEV; project photos
Illustrationen, Gestaltung und Satz:
Andreas Junge, Witten

Druck und Bindung: FINIDR s.r.o., Tschechien

ISBN 978-3-417-26265-0
Bestell-Nr. 226.265

Inhalt

Die Autoren

Arndt Schnepper, geb. 1966, ist promovierter Theologe und Fundraising-Manager. Als Pressesprecher des Bundes Freier evangelischer Gemeinden lebt er mit seiner Familie in Witten. Kontakt: Schnepper@EdenKirche.de

Andreas Junge, geb. 1957, verheiratet, zwei Töchter, studierte Kommunikationsdesign und ist seit 1991 selbstständig mit der Design-Agentur „jungepartner" im Ruhrgebiet. Im Rahmen von Seminaren berät er außerdem Unternehmen, gemeinnützige Organisationen und Kirchen zum Thema „Corporate Design". Kontakt: Junge@EdenKirche.de

Zehn Fragen zum Fundraising

Fundraising: Nicht betteln, sondern der Bau und die Pflege guter Beziehungen

Frage 1: Warum wird der Begriff „Fundraising" nicht übersetzt?
Zugegeben: Wenn es ginge, wäre das englische Wort „Fundraising" schon längst übersetzt worden. Aber bisher scheiterten alle Versuche. Die Liste der Versuche ist enorm: Spendensammeln, Spendenwerbung, Spendenbeschaffung etc. Aber keiner der Begriffe besaß scheinbar die Ausstrahlung wie „Fundraising". Nehmen wir dieses Wort also so an wie schon viele andere eingewanderten Wörter der deutschen Sprache. Als Leihgabe unserer englischen Nachbarn bedeutet es schlicht die Beschaffung von Kapital (fund – Kapital, to raise – beschaffen, aufbringen). Der Vollständigkeit halber sei darauf hingewiesen, dass es sich bei diesem Kapital wohl in erster Linie um Geldspenden, aber ebenso um Sach- oder Zeitspenden handeln kann.

Frage 2: Kann man Fundraising lernen?
Ja, ganz bestimmt. Wer heute Fundraising-Bücher zur Hand nimmt oder Fundraising-Kongresse besucht, gewinnt manchmal den Eindruck, hier handele es sich um eine Art Geheimwissenschaft. Das Gegenteil ist der Fall. Die Geschichte des Spendensammelns zeigt deutlich, dass nicht das große Wissen von akademischen Fachbegriffen erfolgreich macht. Vielmehr zählen am Anfang Vision, persönliche Überzeugung und der Mut zu fragen. Und das gelingt nur bedingt durch Studium, sondern vor allem durch Erfahrung. Deshalb ist auch dieses Buch kein Zauberschlüssel. Es kann Ihnen aber wichtige Einsichten vermitteln, die Sie dann praktisch umsetzen können. Denn viele Menschen – mehr als wir meistens für möglich halten – sind gerne bereit zu geben. Es fehlt oft nur jemand, der ihnen eine passende Möglichkeit eröffnet.

Frage 3: Ist es seriös, um Geld zu bitten?
Sicher: Es gibt eine Art, Spenden zu sammeln, die entwürdigend ist. Hierzu zählt jede Form von Betteln. Wer bettelt, tut dies entweder aus großer Not oder weil er nicht willens ist, für sich selbst zu sorgen. Fundraising ist aber keine „Bettelei", sondern eine „Beziehung" zwischen gleichgesinnten Partnern. Also: Die Not der Welt oder in der kleinen Nachbarschaft ist oft groß. Um hier Abhilfe zu schaffen, schließen sich die Menschen zusammen. Die einen informieren über die Zustände und erstellen Lösungspläne, die anderen stellen die notwendigen Finanzen

zur Verfügung. Deshalb: Es ist nicht nur anständig, um Geld zu bitten, es ist sogar dringend erforderlich.

Frage 4: Spenden die Leute nicht schon genug? Warum dann noch Fundraising?

Das Bild, das die Deutschen beim Spenden geben, ist widersprüchlich. Einerseits ist es erwiesen, dass sie bei großen Katastrophen wie etwa dem Tsunami 2004 spontan viele Gelder bereitstellen. Andererseits fallen sie im internationalen Vergleich weit ab. Eine Erhebung ergab: Die US-Amerikaner spenden durchschnittlich mehr als doppelt so viel wie die Deutschen. Hier sind allerdings die kulturellen Unterschiede zu berücksichtigen. So ist das System der sozialen Wohlfahrt in den USA eher schwach ausgebildet und wird durch private Fürsorge aufgefangen. Auch eine staatlich unterstützte Kirchensteuer gibt es nicht. Aussagekräftiger ist deshalb ein europäischer Vergleich. Doch auch hier belegen die Deutschen nur das magere Mittelfeld. Während die Ungarn, Griechen, Italiener und Polen am wenigsten geben, belegen die Niederländer, Skandinavier und Briten die Spitzenplätze. Auf den Punkt gebracht: Die Deutschen geben wohl einiges, aber „Spendenweltmeister" sind sie noch lange nicht.

Es ist nicht nur anständig, um Geld zu bitten, es ist sogar dringend erforderlich.

Frage 5: Ist Fundraising eine moderne Sache?

Ein Blick zurück ins 19. Jahrhundert zeigt die enormen Möglichkeiten des freiwilligen Spendens. Es ist die Zeit, in der durch die Industrialisierung erstmals größere Bevölkerungsgruppen zu Wohlstand gelangen. Gleichzeitig wachsen politisches Bewusstsein und soziale Verantwortung. Alle diese Faktoren fördern eine große Freigiebigkeit unter den Bürgen. Waren es früher fast nur die kirchlichen oder karitativen Zwecke, für die gespendet wurde, so werden nun auch Wissenschaft und Kultur kräftig unterstützt. Einen Höhepunkt des deutschen Fundraisings bildet die Gründung der Frankfurter Universität im Jahr 1914. Durch das Zusammenführen bestehender Stiftungen und intensives Spendenwerben in der Frankfurter Bürgerschaft kommt am Ende die für damalige Verhältnisse fantastische Summe von 20 Millionen Mark zusammen.

Frage 6: Wofür spenden die Deutschen am liebsten?

Es ist offensichtlich: Am meisten und schnellsten geben die Bundesbürger für humanitäre Zwecke. Dazu zählen Katastrophenhilfen, Behinderten- und Krankenhilfe und Entwicklungshilfe. Rund 80 Prozent macht das im jährlichen deutschen Spendenkuchen aus. Umweltschutz, Tierschutz und Kulturhilfen rangieren jeweils zwischen zwei und fünf Prozent. Diese Zahlen sollte man sich vergegenwärtigen, wenn man einen Spendenaufruf plant. Viele Menschen möchten lieber akute Not lindern, als weitsichtig in die Zukunft zu investieren, indem sie etwa Schulen oder die Forschung unterstützen. Aber es gibt auch andere Beispiele: Berühmt ist hier der Wiederaufbau der im Zweiten Weltkrieg zerstörten Dresdner Frauenkirche. Mit der Grundsteinlegung flossen Spenden in nicht erwartetem Ausmaß. Rund zwei Drittel der Baukosten in Höhe von 179 Millionen Euro wurden aus Spenden finanziert. Ein wichtiges Fundraising-Instrument war dabei der so genannte „Stifterbrief" in Werten zwischen 250 und 10.000 Euro, womit etwa 75 Millionen Euro gewonnen wurden.

Frage 7: Gibt es biblische Beispiele für Fundraising?
Mehr, als man denkt. Gerade das Alte Testament ist ein Dokument zahlreicher „Fundraising-Aktionen": Im 1. Buch Mose bittet Mose das Volk Israel um eine freiwillige Spende für die „Stiftshütte", also das „heilige Zelt", wo Gott dem Volk während der Wüstenwanderung erschienen ist (1. Mose 25,1–9). Das Erste Chronikbuch berichtet von dem Spendenaufruf des Königs David, damit in Jerusalem der Tempel erbaut werden kann (1. Chronik 29,1–19). Im Zweiten Chronikbuch wird erzählt, wie König Joasch die erste Spendenbox aus Holz fertigen lässt, um den Israeliten das Geben zu erleichtern (2. Chronik 24,4–13). Es ist

Das Alte Testament ist ein Dokument zahlreicher „Fundraising-Aktionen".

So spenden die Deutschen

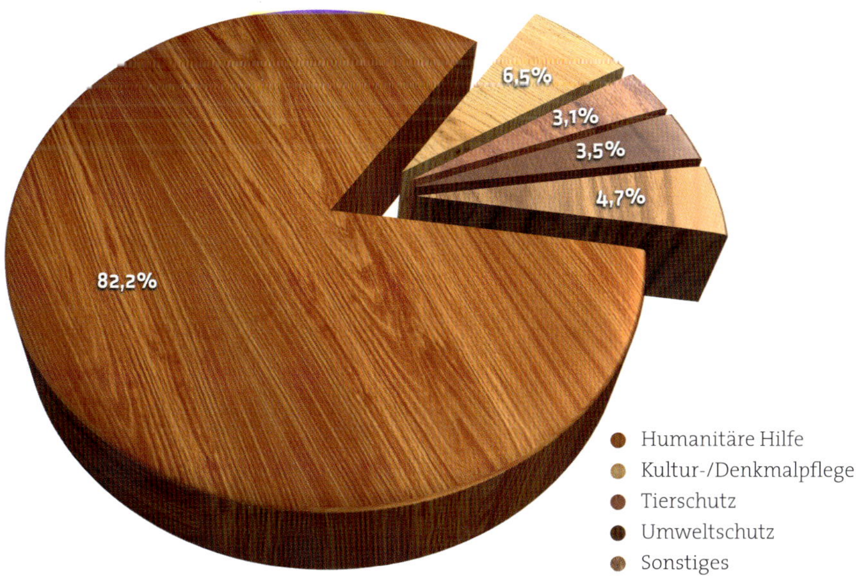

Die Dresdener Frauenkirche: Am 30. Oktober 2005 war es soweit. Die Dresdener Frauenkirche konnte neu eingeweiht werden. Das geschah dank der enormen Spendenbereitschaft vieler Bürger.

der Prophet Maleachi, der das Spenden für den Tempel und die Priester mit der Zusage des göttlichen Segens verknüpft: „Bringt den zehnten Teil eurer Erträge unverkürzt zu meinem Tempel, damit meine Priester nicht Hunger leiden. Habt keine Sorge, dass ihr dann selber in Not kommt! Stellt mich auf die Probe, macht den Versuch, ob ich dann nicht die Fenster des Himmels öffne und euch mit Segen überschütte" (Maleachi 3,10). Aber das Alte Testament zeigt auch schon die möglichen Gefahren des Fundraisings auf: Als warnendes Beispiel werden die Söhne des Priesters Eli genannt, die die Spenden des Volkes für sich selber missbrauchen (2. Samuel 2,27–31).

Frage 8: Gab es Fundraising auch schon früher in der Kirche?
So alt die Kirche Jesu ist, so lange gibt es auch schon die Spendenwerbung. Den Startschuss markiert der Apostel Paulus mit seiner Kollekte für die verarmte Gemeinde in Jerusalem. Unermüdlich bittet er die neu gegründeten Gemeinden in Kleinasien, den Christen der ersten Gemeinde finanziell zu helfen. Insbesondere das Mittelalter ist ein beredtes Zeugnis für das christliche Fundraising. Viele Kathedralen und Klöster, die wir heute noch bewundern, wachsen mit Hilfe von Spenden in den Himmel.

Kirchliche Schulen und Universitäten werden durch freiwillige Gaben finanziert. Doch wo viel Licht ist, fehlt auch der Schatten nicht. Es sind die unerträglichen Fundraising-Aktionen zum Bau des Petersdomes in Rom, die die Reformation auslösen. „Sobald das Geld im Kasten klingt, die Seele aus dem Fegefeuer springt", soll der Spendeneintreiber Johann Tetzel gerufen haben, um die Gebefreudigkeit anzuheizen. Martin Luther tritt ihm mit seinen 95 Thesen entgegen und fragt öffentlich: „Warum baut der Papst, der heute reicher ist als der reichste Crassus, nicht wenigstens die eine Kirche St. Peter lieber von seinem eigenen Geld als dem der armen Gläubigen?"

Frage 9: Was macht christliches Fundraising aus?

In vielen Aspekten gibt es keine Unterschiede zwischen der Spendenwerbung von Kirchen und Gemeinden und anderer Gruppen. Fundraising-Instrumente wie Spenderbriefe und sorgfältige Planung findet man auf beiden Seiten. Entscheidend ist jedoch die Haltung. Christliches Fundraising zeichnet sich durch die Menschen aus, die es ausüben, nämlich Christen. Wie das Modell des „Fundraising-Baums" zeigen wird, sind es besondere christliche Werte und Einstellungen, die das christliche Fundraising unverwechselbar machen.

So alt die Kirche Jesu ist, so lange gibt es auch schon die Spendenwerbung.

Frage 10: Welche Zukunft hat das Fundraising?

Ein äußerer Grund, warum sich Kirchen, Gemeinden und christliche Gruppen mit Fundraising in Zukunft immer intensiver beschäftigen werden, ist das wirtschaftliche Umfeld. Der Staat zieht sich notgedrungen aus Feldern zurück, wo nun die private Verantwortung gefragt ist. Ebenso verlieren die evangelischen und katholischen Landeskirchen zunehmend ihre Kirchensteuern. Alternative Finanzierungswege sind hier dringend gefragt. Christliches Fundraising ist aber auch mit einer zutiefst geistlichen Fragestellung verbunden. Die Frage ist nämlich, welches Kriterium für unsere Pläne und Ausgaben entscheidend ist: Richten wir uns ausschließlich nach den vorhersagbaren Spenden und Einnahmen? Oder gestalten wir unsere Ausgaben unserem christlichen Auftrag entsprechend? Wer zweites bejaht, wird sich mit großem Elan dem Fundraising widmen. Denn es gilt ja, Gottes Ziele in der Welt umzusetzen und dafür die nötigen Mittel einzubringen. Als ermutigendes Vorbild kann hier das Impulspapier „Kirche der Freiheit" der Evangelischen Kirche in Deutschland (EKD) von 2006 gelten. Bis zum Jahr 2030 soll neben der Kirchensteuer das Fundraising als eine zweite Säule zur Finanzierung der kirchlichen Aufgaben etabliert werden. Bis dahin sollen diese zusätzlich eingeworbenen Mittel 20 Prozent aller Einnahmen der evangelischen Kirche ausmachen.

Das Modell: Der Fundraising-Baum

„Wer heute einen Baum pflanzt, kann nicht davon ausgehen, dass er morgen in seinem Schatten sitzen kann.“

Antoine de Saint-Exupéry

Das Geld liegt nicht auf der Straße. Weder im privaten Leben noch beim Fundraising. Sicher: Es gibt wohl solche Momente, wo man unverhofft auf eine reiche Quelle stößt und die Spenden nur so sprudeln. Doch das „schnelle Geld“ ist eher die Ausnahme. Meistens ähnelt das Fundraising dem Wachstum eines Baumes: Man sät einen Samen, gräbt den Boden um, sorgt für Sonne und Bewässerung – und kann später die Früchte genießen. Das erfordert oft Zeit und Geduld. Auch das Aushalten von Rückschlägen und Missernten gehört dazu.

Ein gesunder Stamm

Ob große Kirche oder kleine Gemeinde – die wichtigste Zielgruppe des Fundraisings sind in erster Linie die eigenen Mitglieder und Freunde. Auf ihnen liegt das Hauptaugenmerk. Sind sie überzeugt und motiviert, werden auch weitere Menschen sich ihre Anliegen zu eigen machen.

Tief verwurzelt

Christliches Fundraising zeichnet sich durch biblische Werte aus. Sie prägen die Haltung und Ziele der Fundraiser, sie bestimmen ihren Umgang mit den Spenden und ihren Spendern. Während die Methoden und Maßnahmen von christlichem und säkularem Fundraising oft ähnlich sind, ist es die innere Verwurzelung, die den Unterschied macht.

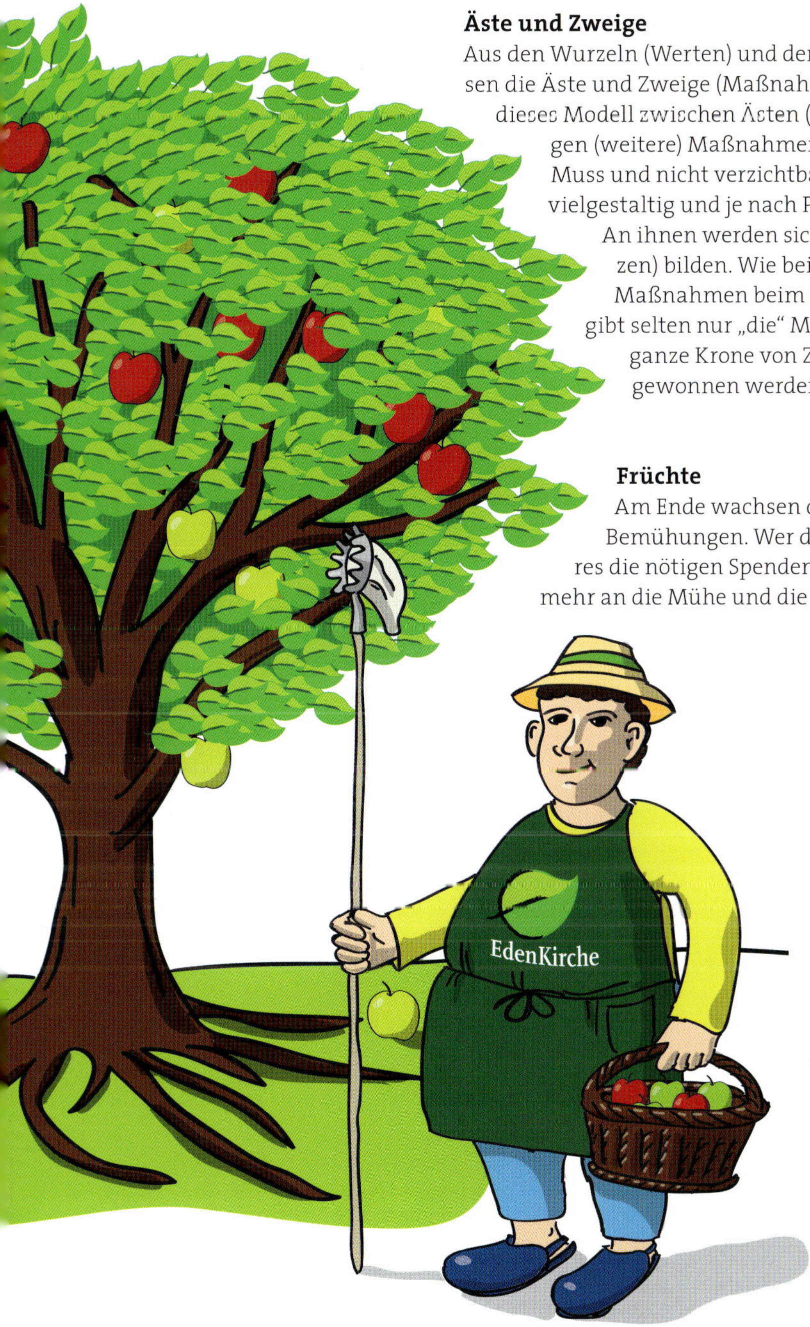

Äste und Zweige

Aus den Wurzeln (Werten) und dem Stamm (Gemeinde) erwachsen die Äste und Zweige (Maßnahmen). Dabei unterscheidet dieses Modell zwischen Ästen (erste Maßnahmen) und Zwei gen (weitere) Maßnahmen. Erste sind in aller Regel ein Muss und nicht verzichtbar. Zweite sind dagegen flexibel vielgestaltig und je nach Projekt und Situation anwendbar. An ihnen werden sich später auch die Früchte (Finanzen) bilden. Wie bei einem richtigen Baum sind die Maßnahmen beim Fundraising oft vielgestaltig. Es gibt selten nur „die" Maßnahme, es ist viel öfter eine ganze Krone von Zweigen, wodurch die Erträge gewonnen werden.

Früchte

Am Ende wachsen die Früchte. Sie sind das Ziel aller Bemühungen. Wer das Glück kennt, am Ende des Jahres die nötigen Spenden erhalten zu haben, denkt nicht mehr an die Mühe und die Anstrengung. Er ist zufrieden.

Die Ernte

Wachstum kann man nicht „machen", es bleibt ein Geheimnis. Auch christliches Fundraising bleibt in einer permanenten Abhängigkeit gegenüber Gott. Die Ernte ist immer ein Geschenk und nichts Selbstverständliches. Aber wir können wichtige Vorausetzungen schaffen, sodass Wachstum möglich wird.

Tief verwurzelt: Christliche Werte

Paulus – der Fundraiser
Wer die Bibel nach Aussagen über das Spendensammeln befragt, wird auf eine Fülle von Aussagen stoßen. Eine besondere Stelle nimmt ganz ohne Zweifel die Kollekte des Apostels Paulus für die Gemeinde in Jerusalem ein. Paulus erwähnt sie selber mehrfach in seinen Briefen, wodurch deutlich wird, wie wichtig sie für ihn war (Römer 15,25–29; 1. Korinther 16,1–4; 2. Korinther 8 und 9; Galater 2,10). Anlass ist eine Vereinbarung auf dem Apostelkonzil, dass die neu gegründeten Gemeinden die Urgemeinde finanziell unterstützen (Galater 2,10). Natürlich entwirft der Völkerapostel in seinen Briefen keinen ausgefeilten Entwurf für das christliche Fundraising. Dafür ist er einfach viel zu sehr Missionar und Seelsorger. Aber die genannten Texte enthalten viele Hinweise, die für ein christliches Fundraising bedeutsam sind.

→ **Wert 1: Fundraising ist Gottesdienst**
Für Paulus ist klar: Die Tatsache, dass er Spenden für die Jerusalemer Gemeinde sammelt, ist kein „notwendiges Übel" oder gar ein „schmutziges Geschäft", dessen er sich schämen müsste. Im Gegenteil: Er nennt die Spendenwerbung ein „Werk der Gnade" (2. Korinther 8,6), einen „Dienst" (2. Korinther 8,23), ja einen „Liebesdienst" (2. Korinther 9,1). Er wirbt um Spenden „zur Ehre Gottes" (2. Korinther 8,19). Diese Aussagen sind grundlegend für christliches Fundraising. Wenn Kirchen, Gemeinden oder christliche Gruppen um Gelder bitten, dann besteht kein Grund zum verschämten Bitten. Vielmehr liegt auf jedem Spendensammeln eine besondere Würde: Gott will es.

→ **Wert 2: Vertrauen in Gottes Reichtum**
Die Spendenaufrufe von Paulus spiegeln einen einzigartigen Optimismus wider. Er ist überzeugt, dass kein Spender noch Stifter durch seine Großzügigkeit Mangel leiden wird. „Gott liebt fröhliche Geber", schreibt er, „er hat die Macht, euch so reich zu beschenken, dass ihr nicht nur jederzeit genug habt für euch selbst, sondern auch noch anderen reichlich Gutes tun könnt" (2. Korinther 9,7–8). Wer heute für christliche Aufgaben Gelder sammelt, sollte sich von dieser Sicht anstecken lassen. Das Geben für Gottes Sache hat noch nie jemanden arm gemacht. Das Volk Gottes wird so zum Kanal für Gottes Reichtum.

Paulus: Er verstand Fundraising als eine geistliche Herausforderung.

(Paulus-Darstellung, Mosaik in Ravenna, 5. Jahrhundert)

→ Wert 3: Geistliche Leiterschaft

Für den Apostel ist die Kollekte eine „Chefsache". Er delegiert das Werben um die Finanzen nicht an einen unbekannten Namen, sondern engagiert sich persönlich für den Erfolg. Zur Unterstützung schickt er der Gemeinde in Korinth seinen Freund Titus und einen „Bruder, der wegen seines Wirkens für die Gute Nachricht bei allen Gemeinden in hohem Ansehen steht" (2. Korinther 8,18). Auf unsere Zeit übertragen bedeutet das: Fundraising darf niemals zu einem untergeordneten „Arbeitszweig" degenerieren. Vielmehr sollten sich die Leiter und Leiterinnen verantwortlich fühlen. Und sie sollten auch mit gutem Beispiel vorangehen und als Erste spenden.

→ Wert 4: Vermittlung einer Vision

Vordergründig geht es Paulus bei der Spendensammlung um den wirtschaftlichen Engpass der Not in Jerusalem. Gleichzeitig deutet er aber auch an, dass es um mehr als nur um materielle Erleichterung geht. „Dieser Liebesdienst", schreibt er, „soll ja nicht nur die Not der Gemeinde in Jerusalem lindern, sondern darüber hinaus viele Menschen zum Dank gegen Gott bewegen" (2. Korinther 9,12). Menschen sollen neu glauben und hoffen können, sollen Gott wieder neu entdecken. Jede gelungene Fundraising-Aktion lebt von einer solchen Vision. Es geht um etwas Großes, etwas, das den menschlichen Horizont sprengt.

Glaube und gute Planung sind für Paulus keine Gegensätze, sondern Ergänzungen.

→ Wert 5: Nicht nur Geld, sondern Menschen

Nicht nur Hände, sondern Herzen will Paulus in seinen Briefen öffnen. In den Gemeinden in Mazedonien erlebt er diesen Vorgang: „Sie taten dabei noch mehr, als ich gehofft hatte: Sie schenkten sich selbst" (2. Korinther 8,5). Christliches Fundraising wird sich immer durch eine ernste Überzeugungsarbeit auszeichnen. Es geht nicht darum, den Menschen die „Gelder aus der Tasche zu ziehen", sondern sie auch für das Anliegen der Sache zu gewinnen. Das mag manchmal mühsamer sein. Aber auf Dauer ist es sehr viel effektiver.

→ Wert 6: Planvolles Handeln

Glaube und gute Planung sind für Paulus keine Gegensätze, sondern Ergänzungen. So fordert er die Korinther auf, jeden Sonntag etwas für die Jerusalemer Gemeinde beiseitezulegen: „So viel jeder oder jede entbehren kann. Bewahrt es auf; dann muss nicht erst gesammelt werden, wenn ich komme" (1. Korinther 16,2). Was für den einzelnen Spender gilt, ist erst recht für die Spendensammler entscheidend. Jahrespläne, Monatsziele, Haushaltsaufstellungen – das alles ist für größere Fundraising-Aktionen ein geistliches Muss.

→ **Wert 7: Freiwilliges Geben**

Paulus wirbt, aber er manipuliert nicht. Er bittet inständig, doch zwingt er keine der neuen Gemeinden, für Jerusalem zu spenden. „Jeder", so formuliert er, „soll so viel geben, wie er sich in seinem Herzen vorgenommen hat. Es soll ihm nicht leidtun und er soll es auch nicht nur geben, weil er sich dazu gezwungen fühlt. Gott liebt fröhliche Geber" (2. Korinther 9,7). Hier liegt auch die feine Grenze zwischen christlichem Fundraising und hemmungsloser Seelenmassage, wo am Ende der Spender nicht mehr weiß, was er tut.

→ **Wert 8: Geben als geistlicher Prozess**

Für den Apostel ist die Spendensammlung von einem göttlichen Geheimnis durchzogen. Er ist sich sicher: Wer für Gottes Sache gibt, der wird Gottes Segen erfahren. „Denkt daran", sagt er den Korinthern, „wer spärlich sät, wird nur wenig ernten. Aber wer mit vollen Händen sät, auf den wartet eine reiche Ernte" (2. Korinther 9,6). Die Amerikaner drücken es plastisch aus: „Fundraising is Faithraising", d.h. „Fundraising ist Glaubensvermehrung". Wer in Gottes Auftrag Gelder sammelt, wird den Menschen eine neue Erfahrungsebene mit ihrem Schöpfer vermitteln.

Gespendete Gelder gehören nicht uns, sondern wir verwalten sie für die Spender treuhänderisch.

→ **Wert 9: Beteiligung der Spender**

Man darf sich Paulus nicht als autoritären Apostel vorstellen, der die Spenden einsammeln lässt und sich dann mit dem Geld in Richtung Jerusalem aufmacht. „Nach meiner Ankunft", so schreibt er der Gemeinde in Korinth, „werde ich die Brüder, die ihr aussucht, mit Empfehlungsschreiben nach Jerusalem schicken, damit sie eure Spende übergeben" (1. Korinther 16,3) Für die Gegenwart übersetzt: Gespendete Gelder gehören nicht uns, sondern wir verwalten sie für die Spender treuhänderisch. Und wo sich die Möglichkeit bietet, so versuchen wir, die Spender auch nach der Spende noch zu integrieren und zu informieren.

→ **Wert 10: Sorgfalt im Umgang mit den Spenden**

Ein großes Thema. Immer wieder hört man von „schwarzen Schafen", die wegen Veruntreuung der Spendengelder auffliegen. Für Paulus war es sonnenklar: „Es liegt mir daran, dass alles einwandfrei zugeht, nicht nur vor dem Herrn, sondern auch vor den Menschen" (2. Korinther 8,21). Durchsichtige Haushalte, buchhalterische Exaktheit, Orientierung an den gültigen Gesetzen, sparsame Bemessung von Eigenanteilen für die Verwaltung, möglichst ein anerkanntes Spendensiegel – das alles ist kein Luxus, sondern ein wichtiger Ausdruck der christlichen Gesinnung.

Gesunder Stamm: Eine großzügige Gemeinde

Die Wurzeln des christlichen Fundraisings sind nun klar: Es sind biblische Werte, die unsere Planung und Praxis prägen. Bevor Sie sich nun vorschnell den Früchten und der Ernte zuwenden, warten Sie einen Moment. Wie jeder Baum einen festen Stamm zum Leben braucht, so verhält es sich auch beim Fundraising. Unsere Bemühungen brauchen eine zuverlässige Basis – und das ist in unserem Fall die eigene Gemeinde oder Kirche. Viele Fundraising-Beispiele des Alten und Neuen Testaments unterstreichen, dass in aller Regel die finanzielle Förderung durch das Volk Gottes selber geschieht. Als Mose um die Mittel für die Stiftshütte bittet, wendet er sich an das Volk Israel (1. Mose 25,1–9). Beim Bau des Tempels in Jerusalem spricht König David als Erstes die Oberhäupter der Stämme und leitenden Beamten an (1. Chronik 29,1–19). Und auch Paulus bemüht bei seiner Kollekte für die Urgemeinde nicht unbekannte Volksgruppen des Römischen Reiches, sondern er sucht die Unterstützung der christlichen Gemeinden in Kleinasien. Natürlich gibt es auch Fälle, wo Hilfe außerhalb der Gemeinde erfolgt. So etwa beim Aufbringen der Materialien für den Jerusalemer Mauerbau durch Nehemia (Nehemia 2,8) oder durch den Hauptmann von Kafarnaum (Lukas 7,5). Aber diese Spenden „von außen" sind denen „von innen" immer nachgeordnet. Ist der Stamm gesund, folgen sie automatisch.

Nicht nur „Spender", sondern „Haushalter" im biblischen Sinne gilt es zu werden.

Von innen nach außen

Fundraising außerhalb der eigenen Gemeinde und Kirche ist möglich und nötig. Hierzu zählen u.a. kommunale und staatliche Einrichtungen, Stiftungen, Vereine und natürlich auch einzelne Personen. Auch dieses Buch enthält etliche Tipps, welche Wege man hier einschlagen kann, um erfolgreich zu sein. Trotzdem: Der Stamm als wichtigste Basis ist die eigene Umgebung, d.h. die Gemeinde oder Kirche. Hier kommen in aller Regel die meisten Spenden zusammen und hier entsteht auch die Begeisterung, das Anliegen gemeinsam weiterzugeben. Von innen nach außen – nur so hat christliches Fundraising eine Chance.

Stammbildung

Das langfristige Ziel ist also, eine großzügige Gemeinde zu bilden. Dies kann nicht von heute auf morgen geschehen, sondern bedeutet eine langfristige Perspektive. Als entscheidend hat es sich dabei herauskristallisiert, die Mitglieder und Besucher Ihrer Gemeinde für das Thema „Geld" und „Geben" zu sensibilisieren. Nicht nur „Spender", sondern „Haushalter" im biblischen Sinne (1. Petrus 4,10) gilt es zu werden. Sieben biblische Prinzipien werden hier exemplarisch genannt, die zu vermitteln sich lohnt.

Die 7 Prinzipien gibt es als Präsentation zum Download unter www.Geld-fuer-Gott.de. (User: edenkirche Passwort: apFel08)

Für Jesus ist das Verhalten gegenüber dem Geld geradezu ein Gradmesser für das geistliche Leben.

Prinzip 1: Geld verstehen

Ein schwieriges Thema

Geld ist ein großes Thema – und ein schwieriges. Denn meistens erleben wir es in einer unangenehmen Form. Haben wir wenig Geld, dann rumort in uns die Frage, wie wir mehr bekommen können. Haben wir viel Geld, dann nagt in uns die Sorge, wie wir es erhalten und möglichst noch vermehren können. Geld ist kein neutraler Bereich. Es ist in vielen Fällen ein hart umkämpftes Feld. Schon unsere Redensarten werfen ein Licht auf die Problematik. Wir sagen: „Über Geld spricht man nicht", „Beim Geld hört der Spaß auf", oder gar „Beim Geld ist die Freundschaft zu Ende".

Geld in der Bibel

Unser Umgang mit den Finanzen ist in der Bibel keine Nebensache. Rund 700 direkte Bezüge gibt es dort zu diesem Thema. Und Jesus hatte keine Berührungsängste, Bilder aus der Welt der Finanzen für seine Predigten zu gebrauchen. Bekannt sind die Gleichnisse vom verlorenen Groschen (Lukas 15), dem unehrlichen Verwalter (Lukas 16) und den anvertrauten Pfunden (Lukas 19). Für Jesus ist das Verhalten gegenüber dem Geld geradezu ein Gradmesser für das geistliche Leben. In Lukas 16,10–11 sagt er: „Wer in kleinen Dingen zuverlässig ist, wird es auch in großen sein, und wer in kleinen unzuverlässig ist, ist es auch in großen. Wenn ihr also im Umgang mit dem leidigen Geld nicht zuverlässig seid, wird euch niemand das wirklich Wertvolle anvertrauen." Mit anderen Worten: Kein Christ kommt im Glauben voran, wenn er nicht lernt, mit Geld umzugehen. Der nordamerikanische Evangelist Billy Graham hat es so formuliert: „Unser Konto ist ein theologisches Dokument es zeigt, wen oder was wir tatsächlich verehren."

Weder Armut noch Reichtum

In der Bibel sind aber weder Armut noch Reichtum so etwas wie heilige Ideale. Weder das eine noch das andere ist Ausdruck einer besonderen Nähe Gottes. Sowohl die Armut als auch der Wohlstand bergen ihre Gefahren. Diese Erfahrung kommt in den Sprüchen Salomos prägnant zum Ausdruck. In einem Gebet heißt es: „Lass mich weder arm noch reich sein! Gib mir nur, was ich zum Leben brauche! Habe ich zu viel, so sage ich vielleicht: ‚Wozu brauche ich den Herrn?' Habe ich zu wenig, so fange ich vielleicht an zu stehlen und bringe deinen Namen in Verruf" (Sprüche 30,8–9). Worauf es in unserem Leben vielmehr ankommt, ist nicht die Menge des Geldes, sondern die Gemeinschaft mit Gott. Nicht das Minimum oder Maximum der Finanzen steht im Mittelpunkt, sondern das Optimum: Jesus Christus. Wer mit ihm lebt, besitzt den größten Reichtum.

Nicht das Geld an sich ist negativ, unser Umgang mit ihm macht es schlecht.

Das Geld an sich ist neutral

Manchmal hört man, dass das Geld an allem Unglück in der Welt schuld sei. Paulus sagt es aber etwas anders: „Die Geldgier ist eine Wurzel alles Übels" (1. Timotheus 6,10; Luther).

Nicht das Geld an sich ist negativ, unser Umgang mit ihm macht es schlecht. In unseren Händen verliert es seine Neutralität. Unsere persönliche Haltung entscheidet darüber, ob das Geld zum Gottesdienst oder Götzendienst wird

Finanzielle Freiheit

Jesus spricht in der Bergpredigt vom „Mammon", d.h. vom „Geldgott": „Ihr könnt nicht beiden zugleich dienen: Gott und dem Geld" (Matthäus 6,24). Damit zeigt er auf, dass bei vielen Menschen das Geld nicht nur ein Mittel ist, sondern die Rolle eines Gottes einnimmt. In diesem Fall herrscht eine finanzielle Knechtschaft. Das Geld dient nicht mir, sondern ich diene dem Geld, dem „Mammon". Die biblischen Schriften nennen aber einfache Prinzipien, wie wir den Umgang mit unseren Finanzen meistern können. Es ist der Weg der finanziellen Freiheit. Dann diene nicht ich dem Geld, sondern das Geld dient mir. Das Geld wird zu dem, was es sein soll: nicht ein Gott, sondern ein Instrument, um das Leben zu erleichtern.

Geld schenkt keine absolute Sicherheit.

Prinzip 2: Gott vertrauen

Geld bietet keine Sicherheit

Die Geschichte zeigt es immer wieder: Geld schenkt keine absolute Sicherheit. Eine Rundum-Versicherung kann keine Agentur der Welt anbieten. Selbst wer sein Leben lang hart arbeitet und scheinbar alles richtig macht, ist vor dem finanziellen Ruin nicht gefeit. Dafür gibt es leider zu viele Beispiele. In der Generation unserer Urgroßeltern war es die Inflation in den Dreißigerjahren, die alle Sparbücher mit einem Schlag zunichte machte. Im Herbst 1923 konnte es vorkommen, dass eine Tasse Kaffee bei der Bestellung 5.000 Mark kostete, aber bereits 8.000 Mark, wenn der Kellner die Rechnung brachte. Riesige Vermögenswerte schmolzen dahin. Durch Mangel an Kaufkraft verloren auch Immobilien ihren Wert und wurden im Notfall geradezu verschleudert. Etwa 20 Jahre später erlebten wieder viele Menschen in Europa, wie unsicher Geld und Besitz sind. In den Bombennächten des Krieges verloren sie in einer Nacht das, wofür sie ein Leben lang gearbeitet hatten. Auf der Flucht mussten sie notgedrungen alles zurücklassen und waren glücklich, wenn sie ihr nacktes Leben retten konnten. Auch heute sind finanzielle Sicherheiten immer ein wackliges Fundament. Krankheit, Arbeitslosigkeit, Familienkonflikte – es gibt zahllose Möglichkeiten, die alle unsere Finanzpläne durcheinanderbringen. Wer im Geld seine Sicherheit sucht, der wird am Ende vom Geld im Stich gelassen. Im Buch der Sprüche wird diese Erfahrung aufgegriffen: „Ein Mensch, der sich auf seinen

Reichtum verlässt, kommt zu Fall. Aber alle, die das Rechte tun, sprossen wie frisches Laub" (Sprüche 11,28). Die Bibel macht keinen Hehl daraus, dass das Geld eine große Anziehungskraft für uns besitzt. Verglichen mit den vielen Armen dieser Welt sind wir als Bewohner Europas allemal reiche Menschen. Deshalb ist für uns die Aufforderung von Paulus an Timotheus umso wichtiger: „Ermahne die, die im Sinne dieser Welt reich sind, nicht überheblich zu werden. Sie sollen ihr Vertrauen nicht auf etwas so Unsicheres wie den Reichtum setzen; vielmehr sollen sie auf Gott vertrauen, der uns alles reichlich gibt, was wir zum Leben brauchen" (1. Timotheus 6,17).

Eine neue Perspektive gewinnen

Ganz offensichtlich haben wir Probleme im Umgang mit Geld. Viele erleben das Geld als eine Art Mammon. Unsere Beziehung zu den Finanzen ist oft nicht von Freiheit, sondern vom Zwang geprägt. Doch mit Gottes Hilfe können wir die Freiheit neu gewinnen.

Gottes Fürsorge gilt zum einen unserer Zukunft. Immer mehr Menschen fürchten sich vor den gesellschaftlichen Entwicklungen, die vor uns liegen. Wenn man den politischen Kommentaren glaubt, dann sind die fetten Jahre des ungehemmten Wirtschaftswachstums vorbei. Alle werden den Gürtel enger schnallen müssen. Jesus vermittelt hier eine befreiende Perspektive. In der Bergpredigt betont er, dass wir als Christen die Sorgen um das Leben ablegen können: „Macht euch keine Sorgen um euer Leben, ob ihr etwas zu essen oder zu trinken habt, und um euren Leib, ob ihr etwas anzuziehen habt! Das Leben ist mehr als Essen und Trinken, und der Leib ist mehr als die Kleidung!" (Matthäus 6,25). Und Gottes Fürsorge bezieht sich auch auf unsere Vergangenheit, deren Folgen wir heute tragen müssen. Wer in früheren Jahren finanzielle Fehler gemacht hat, kann einen neuen Start wagen. Im Gleichnis vom verlorenen Sohn (Lukas 15,11–32) wird von einem jungen Mann erzählt, der mit seinem Geld eigentlich alles falsch gemacht hat. Auf seinem Tiefpunkt erinnert er sich wieder an seinen Vater und sagt: „Ich will zu meinem Vater gehen und zu ihm sagen: Vater, ich bin vor Gott und vor dir schuldig geworden" (Lukas 15,18). Bei Gott gibt es keinen Punkt, wo ich nicht wieder umkehren könnte. Das gilt für alle Lebensbereiche – und nicht zuletzt auch für meinen Umgang mit dem Geld. Gott will nicht, dass der Pleitegeier meine Biografie prägt, sondern die Taube des Heiligen Geistes.

Gott will nicht, dass der Pleitegeier meine Biografie prägt, sondern die Taube des Heiligen Geistes.

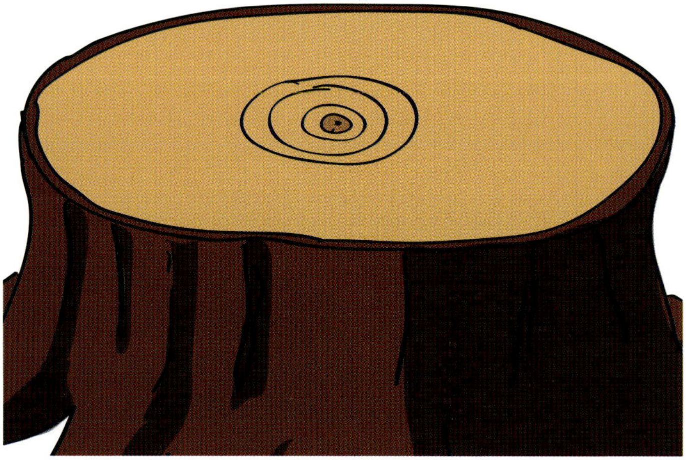

Prinzip 3: Das Leben genießen

Gönn dir was – das ist eine christliche Lebensweisheit!

Eine alte Irrlehre

Wer sich für die Kirchengeschichte interessiert, ist vielleicht schon einmal dem Begriff der „Gnosis" begegnet. Mit der Gnosis bezeichnet man heute eine Bewegung in den ersten Jahrhunderten unserer Zeitrechnung, die den Christen schwer zu schaffen machte. Die Anhänger der Gnosis, die sogenannten „Gnostiker", vertraten die Meinung, dass es im Wesentlichen auf den „Geist" und nicht auf die „Materie" ankäme. Entsprechend verachteten sie die sichtbare Schöpfung und auch die körperlichen Bedürfnisse. Der Leib war für sie ein „Grab der Seele" und nicht wie bei Paulus der „Tempel des Heiligen Geistes" (1. Korinther 6,19). Viele der Gnostiker zogen in die Wüste und führten einen asketischen Lebensstil. Eine besonders kuriose Erscheinung waren die „Säulenheiligen". Auf einer bis zu zwanzig Meter hohen Säule meinten sie, Gott ein bisschen näher zu kommen.

Das gute Leben entdecken

Um es auf den Punkt zu bringen: Das alles hat wenig mit der Bibel zu tun. Die Erde mit ihren Gütern ist vielmehr dazu da, dass wir sie genießen und uns an ihr freuen. Mit unserem Geld dürfen wir die schönen Seiten des Lebens entdecken. Im Buch Prediger heißt es deutlich: „Darum iss dein Brot und trink deinen Wein und sei fröhlich dabei! So hat es Gott für die Menschen vorgesehen und so gefällt es ihm. Nimm das Leben als ein Fest: Trag immer frisch gewaschene Kleider und sprenge duftendes

Öl auf dein Haar" (Prediger 9,7–8). Die Bibel fordert uns also nicht auf, wie Dagobert Duck auf dem Geld zu sitzen. Entdecken Sie immer wieder neu das Leben mit seinen schönen Seiten. Gönn dir was – das ist eine christliche Lebensweisheit!

Anderen das Gute ermöglichen

Die Aufforderung, sich etwas Gutes zu tun, erhält in der Bibel auch eine weitere Erklärung. Es geht nicht nur um den persönlichen Genuss, sondern ebenso um die Verantwortung für die Menschen in meinem Umkreis. Besonders wenn in einer Familie ausschließlich eine Person das meiste Geld verdient, besteht die Gefahr, dass er oder sie nur sich im Mittelpunkt sieht. Paulus sagt deutlich, dass wir nicht nur auf die eigenen Bedürfnisse achten sollen. Es geht ebenso um unsere Familie und die Menschen, die uns nahe stehen: „Kümmert sich aber jemand nicht um die Not leidenden Witwen der eigenen Familie, besonders wenn sie im selben Haus wohnen, dann hat ein solcher Mensch den Glauben verleugnet und steht weit unter den Ungläubigen" (1. Timotheus 5,8). Jemand hat es einmal so formuliert: Viele Menschen kaufen ihren Lieben erst zur Beerdigung die Blumen. Gehören Sie nicht zu solchen, die damit so lange warten. Fangen Sie schon heute an, anderen etwas Gutes zu tun. Ehe, Familie und Freunde sollen einen Raum bilden, in dem die Liebe Gottes sichtbare Gestalt annimmt.

Viele Menschen teilen die Erfahrung, dass gerade in schlechten Zeiten, wo das Geld knapp ist, Glück und Zufriedenheit möglich ist.

Zufriedenheit

Sich und anderen Menschen etwas Gutes tun, das ist auch mit wenig Geld möglich. Großer Aufwand – das sagen die Sprüche Salomos – sichert noch lange keine große Wirkung: „Lieber eine Schüssel Kraut unter Freunden als der schönste Braten, übergossen mit Hass" (Sprüche 15,17). Viele Menschen teilen die Erfahrung, dass gerade in schlechten Zeiten, wo das Geld knapp ist, Glück und Zufriedenheit möglich ist. Denn tiefe Zufriedenheit ist nicht abhängig von äußeren Umständen, sondern sie entspringt dem Frieden, den wir durch Christus haben. Paulus beschreibt diese Erfahrung so: „Ich kann Not leiden, ich kann im Wohlstand leben; mit jeder Lage bin ich vertraut. Ich kenne Sattsein und Hungern, ich kenne Mangel und Überfluss" (Philipper 4,12). Diese Erfahrung der Zufriedenheit ist vielleicht mit einem wertvollen Gemälde zu vergleichen. Wenn wir ein echtes Bild von Rembrandt oder Picasso geschenkt bekämen, dann wäre uns egal, welchen Rahmen dieses Bild besitzt. Ob Holz, Plastik oder Edelmetall – das Bild wäre so wertvoll, weil es von einem außerordentlich guten Künstler stammt. Auf unsere Biografie übertragen: Die Rahmenbedingungen spielen wohl eine Rolle, aber glücklich und zufrieden werden wir durch die Linien, die Gott in unserem Leben zeichnet. Seine Liebe findet sich wie goldene Farbe in unserem Lebensentwurf wieder.

Die Bibel verbietet keine Schulden, aber sie warnt vor ihnen.

Prinzip 4: Schulden vermeiden

Unsere Schuldengesellschaft

In den Sprüchen Salomos heißt es kurz und bündig: „Wer Geld leihen muss, wird zum Sklaven seines Gläubigers" (Sprüche 22,7). Wie eine solche unfreie Situation aussehen kann, erleben in Deutschland rund zwei Millionen Haushalte, die verschuldet sind. Das sind drei bis vier Millionen Betroffene. Es ist keine Übertreibung zu sagen, dass Deutschland eine „Schuldengesellschaft" geworden ist. Das Schuldenproblem betrifft alle Bevölkerungsgruppen und alle Gehaltsklassen. Ein Auto oder eine neue Küche oder der Urlaub auf Kredit – diese Form der Finanzierung hat sich in unserer Gesellschaft längst durchgesetzt. Nicht nur die Banken, beinahe jeder Autohersteller und jedes Warenhaus bieten heute Kredite an. Und leider sind nicht alle Menschen in der Lage, mit diesem Angebot umzugehen. Eine besonders verhängnisvolle Tatsache ist: Der Start von 80 Prozent aller Schuldner-Karrieren liegt im Alter zwischen 18 und 25 Jahren. Die Weichen für den Umgang mit Geld werden früh gelegt.

Kluge und dumme Schulden

Es geht bei den Schulden also nicht um eine grundsätzliche Ablehnung, sondern um eine richtige Einschätzung. Die Bibel verbietet keine Schulden, aber sie warnt vor ihnen. Richtig gedacht, gibt es „kluge" und ausgesprochen „dumme" Schulden. Kluge Schulden sind selten und besitzen in aller Regel zwei Merkmale: Erstens helfen sie mir langfristig, meine Ausgaben zu mindern.

Wenn ich also heute einen Kredit für eine Wohnung oder ein Haus aufnehme, um später einmal keine Miete mehr zahlen zu müssen, so ist das nur lobenswert. Ähnliches kann von Krediten für meine Ausbildung oder das berufliche Fortkommen gesagt werden. Eine zweite Eigenschaft von klugen Krediten ist ihre begründete Aussicht auf Wiedererstattung. Was nützt mir das schönste Reihenhaus, wenn ich deswegen so viel arbeiten muss, dass meine Ehe zerbricht und jegliches Engagement in der Gemeinde erlahmt. Und damit sind wir auch schon bei den negativen Schulden. Sie liegen immer dann vor, wenn es nur um eine scheinbare Verbesserung der Lebensqualität geht. Häufige Bereiche dieser sogenannten „Konsumschulden" sind z.B. der Urlaub, technische Geräte oder neue Möbel. Wer hier einmal anfängt, Schulden aufzunehmen, gerät meistens in Schwierigkeiten. Solche Kredite sind wie ein langsam wirkendes Gift, das die Lebensfreude und Entscheidungsfreiheit lähmt und abtötet. Sicher gibt es auch Notsituationen, wo Schulden unvermeidbar sind. Doch „Konsumschulden" sind gefährlich und vertragen sich nicht mit dem Geist der Bibel. Ein Leben auf Pump – das ist kein christliches Ideal.

Ein Leben auf Pump – das ist kein christliches Ideal.

Schuldenfallen

Eine unglückliche Rolle spielt in vielen Fällen die EC- oder Kredit-Karte. Es ist eine allgemeine Erfahrung, dass diese Plastikkarten sogenannte „Impulskäufe" fördern. Mit einer Geldkarte kaufe ich viel eher aus dem Impuls heraus das, was mir die Werbung suggeriert. Die Karte vermittelt mir dagegen den Eindruck, ich verfüge über grenzenlos viel Geld. Und ehe wir richtig nachdenken, kaufen wir uns Dinge, die wir uns eigentlich nicht leisten können. Ein leeres Portemonnaie spricht da eine viel deutlichere Sprache.

Wünsche und Notwendigkeiten

Bevor Sie einen Kredit aufnehmen, fragen Sie sich: Handelt es sich tatsächlich um eine „Notwendigkeit", „wendet" sie im wahrsten Sinne des Wortes eine „Not"? Oder ist es vielmehr ein „Wunsch"? Wünsche sind legitim, doch sie müssen finanzierbar sein. Diese Erfahrung ist uralt: „Wer Vergnügungen liebt, dem geht schnell das Geld aus; immer gut essen und trinken macht niemand reich" (Sprüche 21,17).

Sparen fällt den meisten Menschen außerordentlich schwer.

Prinzip 5: Für die Zukunft sparen

Schwierige Zeiten

Bis zum Letzten hat es sich rumgesprochen: Immer weniger Beschäftigte finanzieren immer mehr Rentner in unserem Land. Weil das auf Dauer nicht gut gehen kann, motivieren uns die Politiker, für die Zukunft vorzusorgen. Und sie haben recht damit. Neben der gesetzlichen Rentenversicherung sollte jeder eine zusätzliche private Altersvorsorge aufbauen. Und das geht in aller Regel nur über konsequentes Sparen und Anlegen von Geldern. Neben diesem langfristigen Sparen gibt es natürlich auch noch das Zurücklegen für Ersatzbeschaffungen und Notfälle. Als Faustregel lässt sich sagen, dass etwa zehn Prozent des Einkommens regelmäßig dem Sparen zufließen sollten. Das ist allerdings in einer Konsumgesellschaft wie der unserigen keine leichte Sache. Sparen fällt den meisten Menschen außerordentlich schwer.

Verträgt sich Sparen mit Glauben?

Auch bei manchen Christen kommt das Sparen manchmal schlecht weg. Das Vertrauen in Gott (Prinzip 2) wird gegen die eigene Vorsorge ausgespielt. Ein Glaube in die Vorsorge Gottes, so die Denkrichtung, verbiete Planungen für die Zukunft. Nun gibt es bestimmt immer wieder Zeiten, wo wir von der Hand in den Mund leben. Und nachweislich leiden gerade junge Familien unter solchen finanziellen Engpässen. Aber als Dauereinrichtung ist diese Situation nicht erstrebenswert. Die biblischen Texte atmen einen anderen Geist: Die Vorsorge ist ein geistlicher Weg.

Ein schönes Beispiel ist an dieser Stelle Josef, der Sohn Isaaks. Der Pharao lobt ihn für seinen umsichtigen Plan, in den sieben Jahren des Überflusses zu sparen, um die sieben Jahre der Dürre zu überleben (1. Mose 41,38). Und in der alttestamentlichen Weisheitsliteratur wird die Ameise dem Menschen als Vorbild genannt. Sie ist es, die aus eigenem Antrieb für schlechte Zeiten vorsorgt: „Sieh dir die Ameise an, du Faulpelz! Nimm dir ein Beispiel an ihr, damit du weise wirst! Sie hat keinen Aufseher und keinen Antreiber. Und doch sorgt sie im Sommer für ihre Nahrung und sammelt zur Erntezeit ihre Vorräte" (Sprüche 6,6–8). Die meisten Menschen versuchen das zu sparen, was am Ende des Monats übrig bleibt. Das ist meistens nicht sehr viel. Überlassen Sie das Sparen nicht dem Zufall. Eröffnen Sie ein eigenes Konto, auf das Sie mit einem Dauerauftrag regelmäßig etwas überweisen.

Schnelles Geld?

Das Sparen wird uns auch schwer gemacht, weil an vielen Stellen ein Sofort-Reichtum versprochen wird. Der populärste ist sicherlich der Lotto-Traum. Millionen von Mitbürgern setzen jedes Wochenende hier beträchtliche Summen ein. Doch Statistiker haben längst erkannt: Diese Glücksspiele sind eine schlechte Geldanlage. Die Wahrscheinlichkeit, bei einer Ziehung den Hauptgewinn zu erhalten, liegt derzeit bei 1:14 Millionen. Die Möglichkeit, vom Blitz erschlagen zu werden, ist im Vergleich erheblich größer. Streng genommen sind die Kosten für solche Spiele nur großzügige Geschenke an den Staat. Nur selten wird Geld verschenkt. Auch die Bibel warnt vor solchen „schnellen Geldvermehrungen": „Schnell erschwindelter Reichtum verliert sich, langsam erarbeiteter vermehrt sich" (Sprüche 13,11). Der normale Weg zur Vorsorge ist und bleibt das Sparen. Es gibt keine Alternative dazu.

Der normale Weg zur Vorsorge ist und bleibt das Sparen. Es gibt keine Alternative dazu.

Und wohin mit dem Geld?

Im Gleichnis von den anvertrauten Pfunden greift Jesus die Erfahrung auf, dass es kluge und weniger kluge Formen der Anlage gibt. Den ersten beiden Verwaltern sagt er anerkennend: „Sehr gut, sagte sein Herr, du bist ein tüchtiger und treuer Diener. Du hast dich in kleinen Dingen als zuverlässig erwiesen, darum werde ich dir auch Größeres anvertrauen" (Matthäus 25,21). Natürlich meint Jesus an dieser Stelle alle uns gegebenen Gaben. Diese schließen aber auch unsere finanziellen Möglichkeiten ein. Wer sein Geld über Jahrzehnte nur in die Spardose legt, erhält keine Zinsen. Im Gegenteil: Bei einer durchschnittlichen Inflationsrate von drei Prozent sind 10.000 € nach 20 Jahren nur noch 5.536 € wert. Wer hingegen seine Ersparnisse in hochspekulative Aktienpapiere investiert, sollte böse Überraschungen einkalkulieren.

Prinzip 6: Den Zehnten geben

Die dankbare Freude gegenüber Gott ist der Motor des Gebens.

Die Motivation des Gebens

In vielen Kirchen und Gemeinden gibt es die Praxis des Klingelbeutels. An einer bestimmten Stelle des Gottesdienstes wird ein Korb oder Beutel durch die Sitzreihen gereicht. Es ist eine alte Erfahrung, dass in diesem Moment die Leute aus sehr unterschiedlichen Motiven ihr Geld spenden. Die einen geben aus Pflicht, die anderen aus einem schlechten Gewissen heraus, wieder andere spenden Geld in der Hoffnung, Gott günstig zu stimmen. Die Bibel macht aber klar, worauf es beim Geben wirklich ankommt. Paulus schreibt:„ Gott liebt fröhliche Geber!" (2. Korinther 9,7). Wer von Christus gewonnen wurde, wer den Heiligen Geist als lebensverändernde Kraft erfahren hat, der wird alles dafür tun, dass andere Menschen dasselbe Glück erleben. Er wird seine Gemeinde gerne unterstützen und wird dabei nicht jeden Cent zweimal umdrehen. Die dankbare Freude gegenüber Gott ist der Motor des Gebens.

Das biblische Modell des Zehnten

Eine herausfordernde Frage ist, wie viel Geld wir als Christen Gott geben sollen. In den deutschen Landeskirchen gibt es die Regel der Kirchensteuer. Sie beträgt in den meisten Bundesländern neun Prozent der Einkommenssteuer. Ist damit zum Geben und Spenden aus biblischer Sicht alles gesagt? Der Prophet Maleachi nennt als Größenordnung den zehnten Teil des Einkommens: „Bringt den zehnten Teil eurer Erträge unverkürzt zu meinem Tempel, damit meine Priester nicht Hunger leiden.

Habt keine Sorge, dass ihr dann selber in Not kommt! Stellt mich auf die Probe, macht den Versuch, ob ich dann nicht die Fenster des Himmels öffne und euch mit Segen überschütte" (Maleachi 3,10). Gegenüber dieser Praxis des Zehnten besitzen heute im deutschsprachigen Raum viele Christen massive Vorurteile. Für viele ist der Zehnte eine rein alttestamentliche Richtlinie. Mit dem Zehnten assoziieren sie eine gesetzliche Frömmigkeit, der die evangelische Freiheit fehlt. Dabei übersehen sie, dass die Abgabe des Zehnten schon vor der Einsetzung des Gesetzes, also des Alten Testaments, erwähnt wird. So gibt Abraham nach einem gewonnenen Kampf den zehnten Teil seiner Beute an den Priester Melchisedek (1. Mose 14,18–20). Und auch Jesus setzt das Modell des Zehnten nicht außer Kraft. Die Evangelien berichten, dass er die Pharisäer kritisiert, weil sie zwar auch von ihren Gartenkräutern den Zehnten geben, dabei aber Gerechtigkeit und Glauben vergessen. Bei ihnen entwickelt sich der Zehnte zu einer Ersatzhandlung. Bei Jesus gehören aber der Glaube und das Geben des Zehnten unbedingt zusammen. Deshalb sagt er: „Dies solltet ihr tun, ohne das andere zu lassen!" (Matthäus 23,23).

Gegenüber der Praxis des Zehnten besitzen heute im deutschsprachigen Raum viele Christen massive Vorurteile.

Eine Frage des Glaubens

Den Zehnten geben heißt: Ich investiere aus Dankbarkeit gegenüber Gott regelmäßig den zehnten Teil meines Einkommens in Gottes Sache. Natürlich lässt das Prinzip des Zehnten wie alle anderen biblischen Gebote Fragen offen: „Gebe ich Gott nun den zehnten Teil des Netto- oder des Brutto-Gehaltes?" „Wie verrechne ich vermögenswirksame Leistungen, Nebeneinkünfte, Schenkungen oder staatliche Zuschüsse?" „Wie gehe ich in späteren Jahren mit einem steigenden Einkommen und sinkenden Ausgaben um?" Wir denken, hier sollte jeder Christ vor Gott eine persönliche Entscheidung treffen. Der Zehnte ist eigentlich eine dynamische Größe, über die jeder Christ im Glauben entscheidet. Doch gilt für alle Fälle das Geheimnis des Segens, was Paulus einmal so beschreibt: „Wer spärlich sät, wird nur wenig ernten. Aber wer mit vollen Händen sät, auf den wartet eine reiche Ernte" (2. Korinther 9,6). Noch niemand ist jemals ärmer geworden, weil er Gott sein Geld zurückgab.

Das regelmäßige Geben

Entscheidend ist auch, dass das Geben des Zehnten nicht dem Zufall überlassen wird. Ein monatlicher Dauerauftrag ist hier allemal sinnvoller als ein spontanes Spenden. Für Paulus war das Geben nicht eine Frage des Gefühls, sondern der Planung. Mit Blick auf die Sammlung für die Gemeinde in Jerusalem schreibt er der Gemeinde in Korinth: „Jeden Sonntag legt ihr bei euch zu Hause etwas auf die Seite" (1. Korinther 16,2).

Prinzip 7: Planen und handeln

Ratsam ist es, einen Plan sowohl für das gesamte Jahr als auch für die einzelnen Monate zu erstellen.

Die Balance finden

Wie können wir die finanzielle Knechtschaft verlassen und den Weg der finanziellen Freiheit finden? Unser Ziel ist es, die Schulden zu tilgen und so zu sparen, dass wir für uns und Gottes Gemeinde genug Geld zur Verfügung haben. Wie das gehen soll, wie wir Schritt für Schritt weiterkommen können, ist uns oft selbst nicht klar.

Hier hilft nur eines: einen Plan entwerfen, der unsere Finanzen wieder in die richtige Balance bringt. Dabei steht eine sorgfältige Planung nicht im Gegensatz zum Glauben. Jesus sagt ja selbst: „Wenn jemand von euch ein Haus bauen will, setzt er sich doch auch zuerst hin und überschlägt die Kosten. Er muss ja sehen, ob sein Geld dafür reicht" (Lukas 14,28). Ratsam ist es, einen Plan sowohl für das gesamte Jahr als auch für die einzelnen Monate zu erstellen. Nur so kann ich eine Kontrolle über meine finanzielle Situation gewinnen.

Die Prioritäten setzen

Als Erstes ist es wichtig, die monatlichen Einnahmen zu benennen. Wie viel verdiene ich, welche finanzielle Größenordnung steht mir zur Verfügung? Welche Einkünfte kommen zum beruflichen Verdienst hinzu? In einem ersten Schritt ziehe ich von dieser Summe den Zehnten für meine Gemeinde ab. Je nach Lebensphase und eigenem Glauben benutze ich hier das Netto- oder Brutto-Gehalt. Durch einen regelmäßigen Dauerauftrag komme ich gar nicht erst in die Versuchung, mit dieser Summe möglicherweise noch anderweitig zu rechnen.

In einem zweiten Schritt setze ich etwa die gleiche Summe für das Sparen an. Dieses Geld benutze ich zur Vorsorge, für besondere Ausgaben oder vielleicht auch zur Tilgung von Krediten. Eine grobe Regel wäre also: 10 Prozent meines Einkommens für die Gemeinde, 10 Prozent für das Sparen und etwa 80 Prozent zum freien Gebrauch.

Ausgaben und Einnahmen

In einer Gegenüberstellung liste ich meine laufenden Ausgaben auf. Manche Beträge wie Miete, Strom oder Fernsehgebühren sind relativ leicht zu ermitteln. Schwieriger ist es bei einmaligen Ausgaben. Hier setze ich die jeweilige Größe in meiner Jahresplanung ein und dividiere sie durch zwölf. Das Ergebnis wiederum füge ich in meine Monatsplanungen ein. Ein bisschen kompliziert ist es auch mit den Ausgaben für Kleidung oder Geschenken, also Aufwendungen, die nicht immer konstant sind. Hier bestimme ich einen vernünftigen Betrag, den ich einhalten kann. Er ist für mich später verbindlich. Das Ziel meiner Planung sollte sein, mittelfristig die Einnahmen in Einklang mit den Ausgaben zu bringen. Wenn das zurzeit noch nicht möglich ist, sollte ich auf jeden Fall mit kleinen Schritten anfangen. Wichtig ist, dass Sie bei Ihrer Finanzplanung Gott um seine Hilfe und Leitung bitten. Es soll ja eine Planung sein, die Gott mit Vertrauen ehrt und mit seinem Segen rechnet. „Lass den Herrn über dein Tun entscheiden, dann werden sich deine Pläne erfüllen" (Sprüche 16,3).

Mut zum langen Atem

Im Bereich der Finanzen gibt es keine schnellen Lösungen. Manchmal kann eine Wende in der eigenen Finanzplanung Jahre dauern. Viele Menschen überschätzen hier, was sie in kurzer Zeit schaffen können. Sie unterschätzen aber auch, was ein langer Atem alles bewirken kann. Auch der Glaube an Jesus Christus vermittelt keine Soforthilfe. Er gibt uns aber die Kraft und Ausdauer, unsere vorgenommenen Ziele zu erreichen.

Im Bereich der Finanzen gibt es keine schnellen Lösungen.

> **Das Spendenaufkommen kann ein wichtiger Indikator für die geistliche Vitalität der Gemeinde sein.**

Pflege des Baumstammes

Der Stamm ist die Gemeinde, sie ist die Basis des christlichen Fundraisings. Das gesunde Mark des Baumstammes besteht aus einer Großzügigkeit, die von biblischen Überzeugungen geprägt ist. Doch wie vermitteln wir diesen neuen Umgang mit Geld? Folgende Ansätze können hier helfen.

→ **Herzenssache**

Ganz grundsätzlich: Vermitteln Sie den angemessenen Stellenwert des Geldes im Gemeindeleben. So wie der Umgang mit Finanzen ein Lackmustest für den persönlichen Glauben ist, so gilt es auch für die Gemeinde. Das Spendenaufkommen kann ein wichtiger Indikator für die geistliche Vitalität der Gemeinde sein. Das Geld ist für Christen sicher nicht die Hauptsache, aber ebenso wenig eine Nebensache, sondern vielmehr eine Herzenssache. Denn hier zeigt sich, wo wir unsere Prioritäten setzen.

→ **Gottesdienste**

Es gibt nur wenige Veranstaltungen, wo wie im Gottesdienst öffentlich um Geld gebeten und es anschließend eingesammelt wird. Warum geschieht das so? Dahinter steht sicherlich nicht der Wille der Kirchen, bei jeder sich bietenden Gelegenheit die Einnahmen zu erhöhen. In der sogenannten „Kollekte" soll vielmehr zum Ausdruck kommen, dass wir als Menschen Gott gehören. Nicht nur mit unserem Wissen und unseren Gefühlen, sondern eben auch mit unserem Besitz.

Deshalb: Räumen Sie der Kollekte einen angemessenen Platz ein. Erklären Sie, wofür das Geld benötigt wird, danken Sie im Gebet für die Gaben und deuten Sie regelmäßig das Geben als Zeichen für die Hingabe an Gott.

→ **Predigten und Seminare**

Sorgen Sie dafür, dass in den Predigten das Thema des „Geldes" nicht ausgeblendet wird. Frei nach Goethe: „Am Gelde hängt, zum Gelde drängt doch alles" – da ist es wichtig, dass seitens der Kirche hier andere Maßstäbe gelegt werden. Dies geschieht aber nicht automatisch. Ihre Gemeinde wird nur das leben, was Sie auch lehren. Neben der Predigt bieten sich ebenso Seminare zum Umgang mit Geld an. Hier herrscht in vielen christlichen Familien eine Informationswüste. Überlassen Sie diese Seminare aber nicht irgendwelchen „Finanzberatern", sondern führen Sie sie in eigener Regie oder mit Hilfe Ihnen bekannter Christen durch.

→ **Gemeindeversammlungen**

Der Punkt „Finanzen" hat es in Mitgliederversammlungen und Mitarbeiterbesprechungen meistens schwer. Oft wird er vom Versammlungsleiter an die vorletzte Stelle gesetzt, direkt vor den Punkt „Verschiedenes". Ein betrüblicher Zustand. Denn dadurch wird allen Anwesenden signalisiert, dass es sich hier um ein notwendiges Übel handelt. Aber das Gegenteil ist der Fall. Im Finanzhaushalt findet sich ein Dokument der göttlichen Versorgung. In den Einnahmen und Investitionen manifestiert sich das Engagement der Mitglieder. Deshalb: Stellen Sie die Finanzen als das dar, was sie wirklich sind: ein Höhepunkt des Gemeindelebens.

Stellen Sie die Finanzen als das dar, was sie wirklich sind: ein Höhepunkt des Gemeindelebens.

→ **Glaubensziele**

Formulieren Sie für Ihre Gemeindeeinnahmen dynamische „Glaubensziele". Verharren Sie nicht einfach auf dem Status quo des vergangenen Jahres. Überlegen Sie nicht nur nüchtern, wie viele Spenden möglich sind, sondern verbinden Sie die Erfahrungen mit dem Faktor des Glaubens. Beschreiben Sie die neuen Projekte, die Sie finanzieren wollen. Sprechen Sie von „Investitionen" anstelle von „Ausgaben" oder gar „Kosten". Der Begriff der „Investition" geht auf das lateinische „investare" zurück, was mit „einkleiden" zu übersetzen ist. Unsere geplanten Einnahmen und Investitionen sind entsprechend die „Hülle" oder das „äußere Kleid" der Projekte.

Starke Äste und Zweige: Maßnahmen

Geld von außen?
Eine Gemeinde mit einer Atmosphäre der Großzügigkeit ist das A und das O des christlichen Fundraisings. Sie ist der Stamm aller Unternehmungen und zukünftigen Planungen. Ihr gilt deshalb auch die größte Aufmerksamkeit und Pflege. So weit, so gut. Doch manch einer hat aus dieser Einsicht das Ideal formuliert, man solle überhaupt nicht außerhalb der Gemeinde bzw. des kirchlichen Rahmens um Spendengelder werben. Die Grün-

Man fürchtet Einflussnahme, sorgt sich um eine mögliche Abhängigkeit oder hinterfragt die moralische Qualität der Finanzen.

de sind vielfältig: Man fürchtet Einflussnahme, sorgt sich um eine mögliche Abhängigkeit oder hinterfragt die moralische Qualität der Finanzen. Diese Argumente besitzen sicher alle ein Moment der Wahrheit. Und im Einzelfall können sie auch wichtige Prüfsteine sein. Denn nicht jede Spende ist immer von Nutzen. Doch eine Haltung, die jegliche Spenden außerhalb der eigenen vier Wände ablehnt, kann sich nicht auf die Bibel berufen. Im Alten Testament ist es der Jerusalemer Mauerbau durch Nehemia (Nehemia 2,8), wo dankbar die Hilfe von außen registriert wird. Und im Neuen Testament wird der Hauptmann von Kafarnaum (Lukas 7,5) genannt, der bei der Erstellung einer Synagoge hilft.

Von innen nach außen

Fundraising außerhalb der eigenen Gemeinde und Kirche ist möglich und nötig. Die Gemeinde ist der Stamm. Hier kommen in aller Regel die meisten Spenden zusammen und hier entsteht auch die notwendige Begeisterung. Ihre Mitglieder und Besucher werden zu wichtigen Unterstützern, die die Projekte weitertragen und auch weitere Geldquellen erschließen. Aber das Gemeindehaus oder der Kirchhof sind nicht die Grenze unserer Möglichkeiten. Von innen nach außen – so hat christliches Fundraising eine Chance. Die nun folgenden Äste und Zweige beziehen sich stärker auf ein Fundraising außerhalb der Gemeinde. Diese Unterscheidung ist in der Praxis natürlich nicht immer so gegeben, hier fließt vieles ineinander.

> **Das Gemeindehaus oder der Kirchhof sind nicht die Grenze unserer Möglichkeiten.**

Spenden fallen nicht vom Himmel

Zwar verdanken wir alle Spenden, die wir einnehmen, dem Himmel Gottes. Aber sie fallen von dort nicht einfach auf die Erde. Im Gegenteil. In vielen Fällen gilt auch hier harte Arbeit und einfühlsames Fragen: Welche Maßnahmen passen für welche Menschen am besten? Schon Paulus nutzte neben der persönlichen Bitte auch Briefe, um die Christen seiner Zeit für die Jerusalemer Kollekte zu gewinnen. Im Folgenden stellen wir einige Maßnahmen (Äste) vor, die nach wie vor die klassischen und erfolgreichsten Wege sind, Menschen um Geld zu bitten. Vor allen anderen Ideen und Planungen (Zweige) sollten Sie sich mit diesen Maßnahmen intensiv auseinandersetzen:

- → das persönliche Gespräch
- → die öffentliche Bitte
- → der Spendenbrief
- → der Prospekt.

Wer freundlich um eine Spende bittet, kann eigentlich nichts falsch machen.

Das persönliche Gespräch

Unangenehm?
Jemanden direkt um Geld zu bitten, ist keine leichte Sache. Hier haben die meisten Menschen Hemmungen. Viele empfinden es als unwürdig oder gar als Bettelei. Bei näherem Hinsehen erweist sich diese Sorge allerdings als unbegründet. Denn: Wer bettelt, tut dies meist mit einem unangenehmen Drängen. Dabei ist oft gar nicht klar, wofür das Geld tatsächlich ausgegeben wird. Das aber hat nichts mit Fundraising im christlichen Sinne zu tun. Denn hier geht es nicht um meine eigenen Bedürfnisse, sondern um eine Not, die andere betrifft. Und die ist – objektiv betrachtet – in den meisten Fällen größer und wichtiger als mein unangenehmes Gefühl. Hinzu kommt auch die Form der Bitte. Jede Form der gewaltsamen Überredung verbietet sich.

Lösungen anbieten
Wer freundlich um eine Spende bittet, kann eigentlich nichts falsch machen. Viele Menschen – das ist die Erfahrung – geben gerne. Sie wollen nur gefragt werden und wollen den Eindruck haben, dass ihr Geld etwas Gutes bewirkt. Und das ist der kritische Punkt: Wenn es nicht gelingt, die Nützlichkeit des Gebens zu erläutern, ist alles Reden umsonst. Im Gespräch dürfen wir nicht bei den Problemen stehen bleiben, sondern müssen Lösungen anbieten. Der Gebetene muss das klare Gefühl erhalten, es sei wirklich „notwendig", d.h. es wendet tatsächlich eine Not.

Gelegenheiten
Momente, um Geld zu bitten, ergeben sich viele. Wichtig sind die unzähligen Gespräche „zwischen Tür und Angel": beim Flohmarkt, bei dem Stadtfest, dem Infostand, dem Tag der offenen Tür oder dem Weihnachtsbasar. Hier bleibt es meist bei einem freundlichen Hinweis auf das Projekt, die Spendenbüchse oder die Kontonummer. Viel anspruchsvoller gestaltet sich der Besuch oder das Treffen eines möglichen Spenders.

Tipps
Bei einer persönlichen Begegnung sind folgende Eckpunkte hilfreich:

- Informieren Sie sich vorher über Ihren möglichen Spender. Vielleicht hat er Themen, die ihn besonders interessieren, und vielleicht können Sie hier eine Verbindung zu Ihrem Anliegen knüpfen.

- Bitten Sie Gott um seine Weisheit. Sie stehen ja nicht für sich, sondern für Ihr Projekt. Deshalb sind Minderwertigkeitsgefühle gar nicht angebracht. Gehen Sie im Glauben davon aus, dass das bevorstehende Gespräch – auf welche Weise auch immer – etwas Gutes bewirken wird.
- Fallen Sie nicht mit der Tür ins Haus. Tun Sie das, was die Höflichkeit gebietet: Grüßen Sie freundlich, bauen Sie ein „Aufwärmen“ ein, sprechen Sie über Bekanntes, machen Sie Komplimente. Bevor Sie Ihre Bitte loswerden, bauen Sie eine Brücke, worüber Sie gehen können.
- Nennen Sie Ross und Reiter. Nichts ist unangenehmer und unehrlicher als weitschweifiges Reden. Ihr Gegenüber wird sowieso schnell merken, wie der Hase läuft.
- Schildern Sie Ihr Anliegen. Begründen Sie Ihre Bitte. Meiden Sie „Zahlensalate“, erzählen Sie Erlebnisse. Sie sollten Kopf und Herz ansprechen.
- Berichten Sie von den ersten Fortschritten. Niemand will in sterbende Projekte investieren.
- Nutzen Sie Bilder, aber sparsam. In der persönlichen Begegnung braucht keine Leinwand aufgebaut zu werden, aber einzelne Fotografien können Wunder wirken.
- Hören Sie aktiv zu. Achten Sie peinlich darauf, dass sich das Gespräch nicht zu einem Monolog entwickelt. Hören Sie auf Einwände, lassen Sie auch offene Fragen zu. Das alles fördert Ihre Authentizität.
- Zeigen Sie Geduld, schenken Sie dem anderen Ihre Zeit. Im Normalfall geben Sie eine Broschüre oder Ähnliches weiter. Viele Menschen wünschen eine Phase der Besinnung, bevor Sie sich entscheiden. Deshalb: Gebärden Sie sich nicht wie ein schlechter Versicherungsmakler, der sein Geschäft unbedingt jetzt abschließen will. Diese Haltung sät zu Recht Misstrauen.

Es geht nicht um ein „Abkassieren“, sondern darum, den möglichen Spender in eine Beziehung mit Ihrem Projekt zu bringen.

Nein?

Und wenn die Antwort trotzdem ein „Nein“ ist? Geben Sie nicht so schnell nach. Wer weiß, vielleicht hatte Ihr Gegenüber zurzeit keinen Sinn für das Gespräch, vielleicht besaß er auch keinen Zugang zum Projekt. Hier sollte man die Flinte nicht zu schnell ins Korn werfen. Ein Abbruch des Kontaktes wäre auch ein schlechtes Zeichen Ihres Charakters. Denn es geht schließlich ja nicht um ein „Abkassieren“, sondern darum, den möglichen Spender in eine Beziehung mit Ihrem Projekt zu bringen. Und solch eine Beziehung kann – wie im restlichen Leben – etwas mehr Zeit in Anspruch nehmen.

Die öffentliche Bitte

Hemmungen?
Ähnlich wie die persönliche Ansprache ist auch der öffentliche Spendenaufruf mit Ängsten behaftet. Die Gründe sind vielfältig. Aber auch hier gilt es sich vor Augen zu malen, warum ein solcher Aufruf geschieht. Das Mandat stelle ich mir ja nicht selbst aus, sondern es geschieht um der Sache willen. Nicht ich werbe für mich, sondern für das Anliegen, von dem ich überzeugt bin.

in der Kürze liegt die Kraft.

Kurz und präzise
Es gibt etliche Gelegenheiten zum öffentlichen Spendenaufruf: Gottesdienste, Gemeindeversammlungen, Partys, Jubiläen und Gesellschaften sind solche Orte. Doch wie sollte man vorgehen? Mark Twain (1835–1910), ein US-amerikanischer Schriftsteller, erzählte einmal: „Ich hörte eine wirklich aufregende Predigt über die Heidenmission. Nach fünf Minuten beschloss ich, fünfzig Dollar zu spenden. Nach weiteren zehn Minuten dachte ich: Vierzig reichen aus. Nach einer halben Stunde hatte ich ausgerechnet, dass auch zehn Dollar genügen müssten. Nach einer Stunde habe ich mir schließlich zehn Dollar vom Teller genommen." Also, in der Kürze liegt die Würze. Im Regelfall sollten zwei bis drei Minuten reichen, um eine Bitte erfolgreich zu platzieren. Wenn Sie mehr Zeit zur Verfügung haben, sollten Sie besser nicht mehr um Geld bitten, sondern intensiver über Ihr Projekt sprechen.

Wie ein Trichter

→ Starten Sie mit einem Ohrenöffner. Greifen Sie zurück auf kleine Erlebnisse, Bilder, Anekdoten, Gehörtes etc., das wahrscheinlich für alle Zuhörer von Interesse ist. Erzählen Sie von Ihrem Traum, Ihrer Vision, die Sie verfolgen. Stellen Sie eine rhetorische Frage, die jeder Gast intuitiv beantworten wird. Wichtig ist, dass Sie mit Ihrem Anfang die Aufmerksamkeit möglichst vieler Gäste gewinnen. Wichtig ist: Der Ohrenöffner muss wirklich kurz sein und der Bitte dienen. Es wäre schade, wenn sich die Zuhörer später nur noch an den Anfang, aber nicht mehr an Ihre Bitte erinnern können.

→ Sagen Sie kurz, worum es geht, formulieren Sie Ihren Wunsch, Ihre Bitte. Tun Sie dies freundlich, aber selbstbewusst. Sie können davon ausgehen, dass viele der Zuhörer gar nicht so ablehnend sind, wie sie vielleicht aussehen.

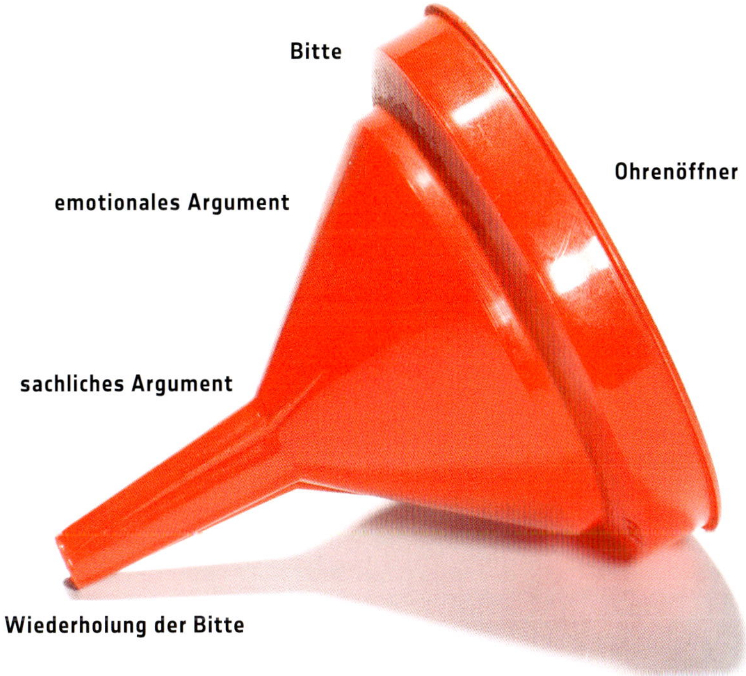

„Geben ist seliger als nehmen“ (Apostelgeschichte 20,35) – diese Wahrheit ist manchen Menschen präsenter, als wir ahnen.

→ Nennen Sie ein Argument emotionaler Natur. Versuchen Sie, das Herz zu erreichen. Berichten Sie von Erlebnissen, die mit Ihrem Spendenprojekt zusammenhängen. Werden Sie persönlich. Die Zuhörer merken sehr schnell, ob Sie nur um Geld bitten oder ob Sie tatsächlich selber hinter der Sache stehen. Herzen gewinnt man nur mit dem eigenen Herzschlag.

→ Nennen Sie ein vernünftiges Argument. Jeder Mensch ist ein vielschichtiges Wesen. Neben dem Herzen gilt es auch seinen Verstand zu überzeugen. Verweisen Sie auf gemachte Erfolge, berichten Sie von der Anerkennung seitens anderer Spender oder Organisationen, erwähnen Sie Ihr Spendensiegel oder heben Sie Ihren geringen Verwaltungsaufwand für die Spendenverwendung hervor.

→ Wiederholen Sie Ihre Spenden-Bitte. Weisen Sie auf eine konkrete Möglichkeit hin, wie man reagieren kann, sei es per Überweisung, Spendenbüchse, Kollektenbeutel o.Ä.

EdenKirche
EdenKirche · Zum Paradies 12 · 98765 Gartenstadt
Frau
Sabine Beispiel
Am Musterbusch 18
98765 Musterstadt
Sehr geehrte Frau Beispiel,
Überweisungauftrag/Zahlschein
EdenKirche
0000000000
Sparkasse, Musterstadt
EURO
EdenKirche
Vielfrucht
Wie Geld wachsen kann, satt macht und hilft, dass Kinder eine Perspektive für die Zukunft bekommen.
EdenKirche
„Ene, mene, muh
Nachmittags-Betreuung von Schulkindern der 1.–4. Klasse

Spendenbrief

Der Klassiker
Ohne den Spendenbrief ist Fundraising gar nicht zu denken. Weder große Spendenorganisationen noch kleine Projektgruppen können auf ihn verzichten. Daran ändern auch E-Mails oder Internet nichts. Der Grund ist einfach: Was man schwarz auf weiß in der Hand hält, wiegt immer mehr als eine digitale Information, die durch Handbewegung gelöscht wird. Der Spendenbrief besteht aus mehreren Elementen:

→ Umschlag (notwendig)
→ Brief (notwendig)
→ Überweisungsträger (notwendig)
→ Prospekt (möglich)
→ Geschenkbeilage (möglich).

Was man schwarz auf weiß in der Hand hält, wiegt immer mehr als eine digitale Information.

Umschlag
Das Kuvert des Briefes vermittelt dem Empfänger einen ersten Eindruck. Je unbekannter der Absender des Briefes ist, umso wichtiger ist deshalb sein Aussehen. Weckt der Umschlag Interesse, wird er geöffnet. Ist er nichtssagend oder gar abstoßend, wird er ungelesen in den Papierkorb geworfen. Durch einfache Tipps lassen sich Fehler vermeiden:

- Ob Sichtfenster oder Adressaufkleber – sorgen Sie auf jeden Fall für die richtige Adresse und Anschrift. Verwechslungen oder Rechtschreibfehler irritieren und sind für viele Menschen ein Grund der Ablehnung. Wer hier patzt, hat meistens schon verloren.
- Wann immer möglich, nutzen Sie beim Porto richtige Briefmarken, am besten sogar Sondermarken. Die üblichen Poststempel erinnern an Massensendungen. Briefmarken drücken dagegen eine enorme Wertschätzung aus.
- Je nach Budget lohnt sich auch ein „Teaser“ (englisch: Reiz), der den Wunsch des Öffnens fördert. Das können Fotos der Projekte sein, Porträts und Logos der Absender oder ein aufmunternder Slogan. Die Druckkosten solcher Umschläge halten sich meist im Rahmen. Eine Alternative sind Stempel oder Aufkleber.

Geschenkbeilage

Kleine „Give-aways“ (englisch: Werbe-Geschenke) erfordern eine große Sensibilität. Fallen Sie zu pompös und wertvoll aus, kann schnell der Eindruck entstehen, der Absender habe wohl zu viel Geld oder wolle damit nicht sparsam umgehen. Andererseits ist aber auch erwiesen, dass kleine Beilagen durchaus die Aufmerksamkeit fördern und motivieren können. Fragen Sie also ganz genau, was zu Ihnen, dem Projekt und den möglichen Spendern passen könnte.

Brief

Ein Brief ist mehr als nur reiner Text. Deshalb spielt auch die Gestaltung eine wichtige Rolle. Die Erfahrung zeigt, dass der durchschnittliche Leser erst einen Gesamteindruck des Anschreibens aufnimmt, bevor er sich dem eigentlichen Inhalt zuwendet. Zu seinen ersten Fixpunkten gehören in aller Regel das Logo des Absenders oder des Projektes.

- → Die Anschrift des Empfängers: Hier gilt das Gleiche wie bei der Anschrift auf dem Kuvert. Vermeiden Sie fehlerhafte Namen und Adressdaten.
- → Die Betreffzeile: Sie darf nicht bleiern daherkommen, sondern sollte neugierig machen.
- → Die Unterschrift bzw. der Name des Absenders: Wer immer den Brief schreibt – verantworten und unterschreiben sollte ihn der Leiter des Projekts. Auch wenn es ein bisschen mehr Mühe macht: Unterschreiben Sie – mit blauer Farbe – eigenhändig. Das fällt sofort auf und unterstreicht Ihr Engagement.
- → Das PS, d.h. das Postskriptum (lateinisch: Nachsatz): Hier fassen Sie Ihr Anliegen in einem finalen Satz noch einmal zusammen. Das PS ist ein letzter, freundlicher Appell, der zum Handeln auffordert.

Ein Brief ist mehr als nur reiner Text. Deshalb spielt auch die Gestaltung eine wichtige Rolle.

Überweisungsträger

Ein beigefügter Überweisungsträger bietet dem Briefempfänger die Möglichkeit, sofort zu reagieren. Findet sich ein solcher nicht im Umschlag, ist die Gefahr groß, dass der Impuls des Anschreibens schnell verfliegt. Zwei Möglichkeiten bieten sich an:

- → Wenn es Ihr Budget erlaubt, lassen Sie Briefe mit perforierten Überweisungsträgern drucken. Das ist sicher die eleganteste Lösung.
- → Besorgen Sie sich bei Ihrer Hausbank die notwendige Anzahl von Vordrucken. Ab einer gewissen Menge können Sie auch Ihre Daten wie Namen, Kontonummer und Spendenzweck eindrucken lassen. Das macht ebenfalls einen guten Eindruck.

Prospekt

Der Versand eines kleinen Prospektes bietet sich bei Erstempfängern oder neuen Projekten an. Näheres zur Gestaltung eines Prospektes finden Sie auf Seite 49.

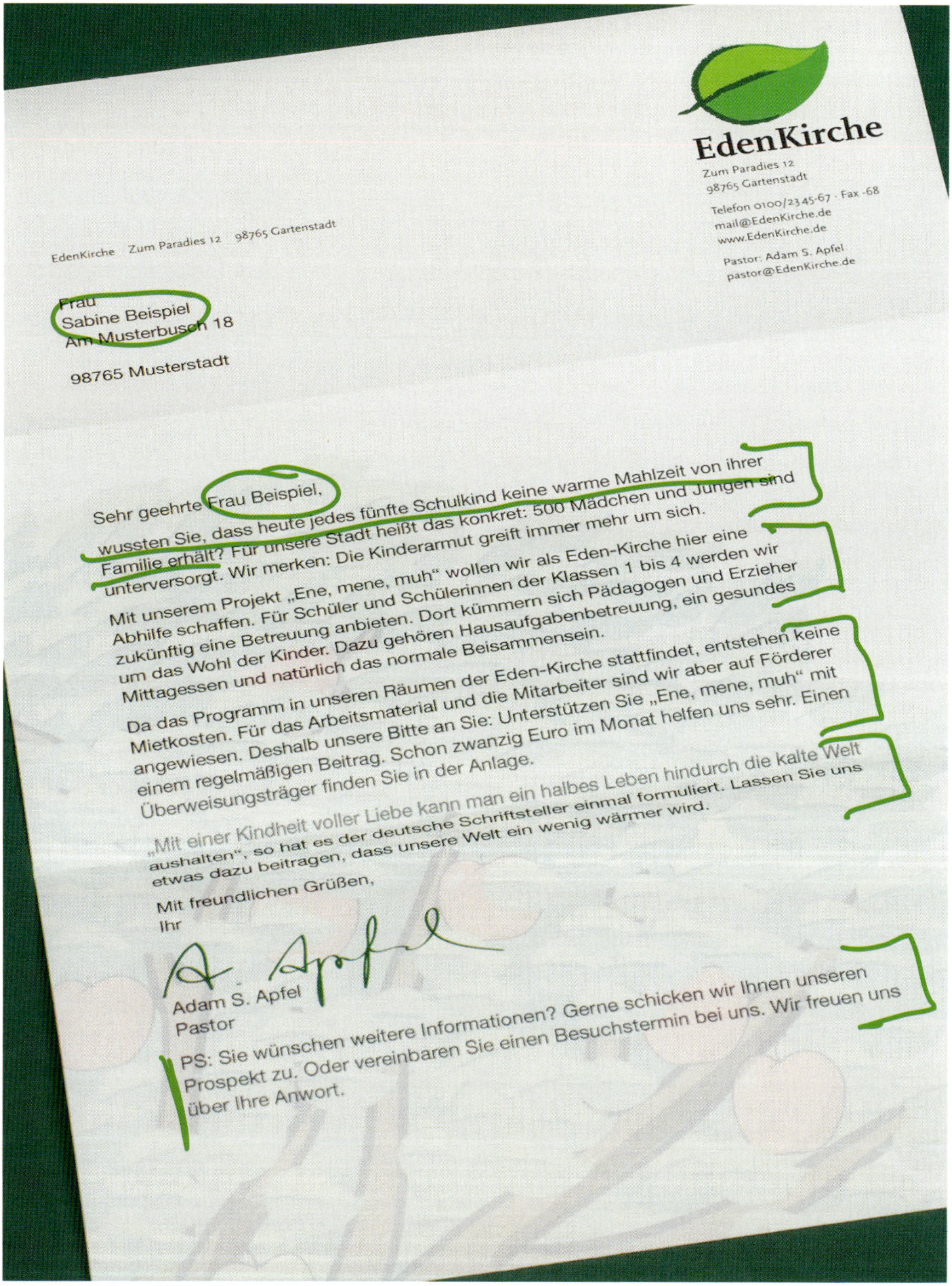

EdenKirche
Zum Paradies 12
98765 Gartenstadt
Telefon 0100/2345-67 · Fax -68
mail@EdenKirche.de
www.EdenKirche.de
Pastor: Adam S. Apfel
pastor@EdenKirche.de

EdenKirche Zum Paradies 12 98765 Gartenstadt

Frau
Sabine Beispiel
Am Musterbusch 18

98765 Musterstadt

Sehr geehrte Frau Beispiel,

wussten Sie, dass heute jedes fünfte Schulkind keine warme Mahlzeit von ihrer Familie erhält? Für unsere Stadt heißt das konkret: 500 Mädchen und Jungen sind unterversorgt. Wir merken: Die Kinderarmut greift immer mehr um sich.

Mit unserem Projekt „Ene, mene, muh“ wollen wir als Eden-Kirche hier eine Abhilfe schaffen. Für Schüler und Schülerinnen der Klassen 1 bis 4 werden wir zukünftig eine Betreuung anbieten. Dort kümmern sich Pädagogen und Erzieher um das Wohl der Kinder. Dazu gehören Hausaufgabenbetreuung, ein gesundes Mittagessen und natürlich das normale Beisammensein.

Da das Programm in unseren Räumen der Eden-Kirche stattfindet, entstehen keine Mietkosten. Für das Arbeitsmaterial und die Mitarbeiter sind wir aber auf Förderer angewiesen. Deshalb unsere Bitte an Sie: Unterstützen Sie „Ene, mene, muh“ mit einem regelmäßigen Beitrag. Schon zwanzig Euro im Monat helfen uns sehr. Einen Überweisungsträger finden Sie in der Anlage.

„Mit einer Kindheit voller Liebe kann man ein halbes Leben hindurch die kalte Welt aushalten“, so hat es der deutsche Schriftsteller einmal formuliert. Lassen Sie uns etwas dazu beitragen, dass unsere Welt ein wenig wärmer wird.

Mit freundlichen Grüßen,
Ihr

A. Apfel

Adam S. Apfel
Pastor

PS: Sie wünschen weitere Informationen? Gerne schicken wir Ihnen unseren Prospekt zu. Oder vereinbaren Sie einen Besuchstermin bei uns. Wir freuen uns über Ihre Anwort.

Gelesen werden

Schreiben Sie nah und lebendig. Je weiter Sie Ihre Adressen streuen, desto wichtiger ist es, jede Art von kirchlicher Binnensprache zu vermeiden. Die Sprache des Gottesdienstes verträgt sich oft nicht mit der des Umgangs unter Unbekannten. Beachten Sie folgende Punkte:

→ Auch wenn Sie die Adressaten persönlich nicht kennen, der Name sollte im Brief auf jeden Fall genannt werden. Die persönliche Anrede erfreut den Leser. Mit der Seriendruck-Funktion eines Computers ist das technisch keine Schwierigkeit.
→ Vermeiden Sie Bandwurmsätze. Schreiben Sie in kurzen Sätzen ohne allzu viele Nebensätze.
→ Sorgen Sie für eine gute Übersicht, d.h. teilen Sie den Text in lesefreundliche Portionen auf. Beschränken Sie sich unbedingt auf eine Schrifttype. Allzu viel Kreativität wirkt schnell chaotisch.
→ Merzen Sie möglichst alle Fremdwörter aus, schreiben Sie verständlich. Eine Hilfe ist es, wenn Sie den Brief von einem Teenager, einem Erwachsenen und einem Senioren gegenlesen lassen.

Schreiben Sie in kurzen Sätzen ohne allzu viele Nebensätze.

Der Anfang

Die ersten drei Sätze entscheiden meist darüber, ob auch der Rest des Textes gelesen wird. Beginnen Sie also möglichst mit einem kleinen „Paukenschlag", etwa

→ einer Frage: „Wussten Sie, dass 20 % aller Schulkinder keine warme Mahlzeit von ihrer Familie erhalten? Für unsere Stadt heißt das konkret: 500 Mädchen und Jungen sind unterversorgt. Die Kinderarmut greift immer mehr um sich."
→ einer Tatsache: „Unsere Gesellschaft wird immer älter. Früher wurde man im Kreis der Familie alt, heute oft alleine im Altenheim. Und das ist schrecklich."
→ einem Erlebnis: „Die 9-jährige Naomi steht ängstlich vor der Schule. Aus ihrem Heimatland Irak musste sie fliehen. Doch ihre neue Heimat ist ihr fremd. Das größte Problem ist die neue Sprache."

Hilfreich

Es darf nicht das Ziel sein, auf die Tränendrüse zu drücken, aber Probleme müssen benannt werden. Und es müssen Lösungen genannt werden. Sagen Sie klar, was Sie tun wollen. Und proportionieren Sie die gewünschte Hilfe. Schreiben Sie, wie viel Geld Sie für ein Spendenziel benötigen, etwa:

→ Ein Mittagessen für Kinder kostet rund 2,00 Euro.
→ Der tägliche Betrieb unserer Kinderküche kostet 250 Euro.
→ Wir wünschen uns Spielgeräte im Wert von 10.000 Euro.

„Wir wünschen uns Spielgeräte im Wert von 10.000 Euro.“

Prospekt

Schöne Aussicht

Wie der Name schon sagt, soll der Prospekt eine erste „Aussicht" Ihres Spendenzieles vermitteln. Er stellt eine Erstinformation dar, die Appetit nach „mehr" machen soll. Je nach finanziellen Möglichkeiten kann er mehr oder weniger aufwändig gestaltet sein. Sowohl der aufwändig produzierte vierfarbige Prospekt als auch die selbst fotokopierte Ausgabe kann die Aufgabe erfüllen – wenn sie inhaltlich und optisch attraktiv gemacht sind. Damit dies gelingt und Sie mit Ihrer Broschüre Ihr Ziel erreichen, sollten einige Punkte beachtet werden.

Inhalte

→ Das Cover sollte möglichst ein „Eyecatcher" (englisch: Augenfänger) sein. Hilfreich ist immer eine gute Illustration, sei es als Foto oder Grafik.

→ Stellen Sie das Projekt in den Vordergrund. Nennen Sie deutlich das Problem und die Lösung, die Sie mit Ihrem Spendenprojekt verfolgen.

→ Greifen Sie ggf. sogenannte „Testimonials" (englisch: Zeugnisse) von einzelnen Menschen auf, die mit ihren Aussagen das Projekt unterstützen.

→ Gebrauchen Sie Zahlen und Statistiken dosiert. Bemühen Sie sich, plastisch zu sein. Schreiben Sie, wie vielen Menschen Sie schon helfen konnten, wie viel etwas je Person kostet.

→ Sollte der Platz reichen, können Sie auch Überweisungsträger eindrucken lassen.

→ Nennen Sie Ihre Gemeinde und deren Kontaktdaten. Verweisen Sie auch auf Ihre Internetseite.

Sind es zu viele Seiten, besteht die Gefahr, dass einzelne Informationen nicht zur Kenntnis genommen werden.

Format

Achten Sie darauf, dass die Broschüre nicht größer als DIN A5 ist. Der Leser hat so die Möglichkeit, ohne Schwierigkeiten den Prospekt einzustecken. Attraktiv ist das DIN-lang-Format, da es ein Versenden mit normalem Brief ermöglicht. Auch das quadratische CD-Hüllen-Format ist eine Idee. So könnten Sie die Broschüre z.B. mit einer CD verbinden. Allerdings ist dann ein Versand mit regulären DIN-lang-Umschlägen nicht möglich.

In der Regel reichen etwa 4 bis 8 Seiten. Sind es zu viele Seiten, besteht die Gefahr, dass einzelne Informationen nicht zur Kenntnis genommen werden. Sind es zu wenige Seiten, kann sie oft nur oberflächlich und wenig attraktiv gestaltet werden.

EdenKirche
„Ene, mene, muh“
... dabei bist Du!
Im Projekt der Edenkirche werden Schüler der Klassen 1 bis 4 nachmittags von zwei Pädagogen, älteren Schülern und engagierten Mitarbeiterinnen betreut. Täglich nehmen bisher etwa zehn bis 15 Schüler die Hausaufgabenbetreuung in Anspruch.
In ruhiger Arbeitsatmosphäre, in der konzentriertes und zielgerichtetes Arbeiten möglich ist, erledigen die Kinder schriftliche und mündliche Hausaufgaben. So sind sie für den folgenden Vormittag bestens vorbereitet. Außerdem erhalten die Kinder Lerntipps und erarbeiten Arbeitsstrategien, sie „Lernen lernen“.
Wer bezahlt das?
„Ene, mene, muh“ finanziert sich fast ausschließlich durch Spenden. Das Geld wird für Material und die Entschädigung der Mitarbeiter verwendet. Und natürlich für den weiteren Ausbau der Hausaufgabenbetreuung.
Die Betreuung findet in den Räumen der Edenkirche statt, und wird von deren Mitarbeitern beaufsichtigt.
Sie wollen helfen?
1-Tagesbetreuung: monatlich 20 Euro
2-Tagesbetreuung: monatlich 25 Euro
3-Tagesbetreuung: monatlich 30 Euro
4-Tagesbetreuung: monatlich 35 Euro
5-Tagesbetreuung: monatlich 40 Euro
So erreicht uns Ihre Spende:
Bankverbindung:
Stiftung Edenkirche e.V., Stichwort Hausaufgaben
Kreissparkasse Gartenhausen, BLZ: 873 500 00,
Konto-Nr. 1938993845793
EdenKirche

Gestaltung

→ Sachinformationen sind im Prospekt wichtig, ebenso aber auch Bilder. Der geflügelte Satz „Ein Bild sagt mehr als tausend Worte“ kommt nicht von ungefähr. Legen Sie deshalb Wert auf gute, aussagefähige Bilder.
→ Achten Sie auf einen übersichtlichen Satzspiegel. Viele Prospekte leiden unter ihrem „unaufgeräumten“ Charakter.
→ Hüten Sie sich vor „Bleiwüsten“. Kein Text sollte den Umfang einer Seite überschreiten.
→ Schaffen Sie Leseanreize für „Querleser“ durch Bildunterschriften.
→ Gliedern Sie Texte mit Zwischenüberschriften.
→ Heben Sie Kernaussagen als Zitate hervor.
→ Beachten Sie Ihr Gemeinde-Design. Wichtig ist die Wiedererkennung als Herausgeber des Prospekts.
→ Passen Sie die Gestaltung und Sprache auch Ihrer Zielgruppe an. Senioren lesen anders als Jugendliche. Unternehmen und ihre Geschäftsführer reagieren anders als die Besucher Ihrer Gemeinde.

Weitergeben

Bringen Sie Ihren Prospekt unter die Leute! Auch wenn jedes Exemplar seinen Preis hat, sollten Sie großzügig in der Weitergabe sein. Geben Sie die Broschüre weiter, z.B. durch

→ einen oder mehrere Prospektständer in Ihrem Gemeindehaus,
→ regelmäßiges Verteilen bei besonderen Gottesdiensten;
→ persönliche Besuche oder Begegnungen,
→ eine Anzeige in Ihrem Gemeindebrief oder auf Ihrer Internetseite,
→ eine Beilage bei allen Briefen, die vom Gemeindebüro versandt werden,
→ Oft gibt es auch die Möglichkeit, Infomaterial im Bürgerzentrum des Rathauses auszulegen. Hier sollten Sie alle Möglichkeiten ausschöpfen.

Weitere Ideen

Je nach Umfang Ihres Projekts und Ihren finanziellen Möglichkeiten können Sie die Prospekte auch differenzieren. Denkbar wären z.B.

→ eine Selbstdarstellung Ihrer Gemeinde,
→ mehrere Prospekte zu unterschiedlichen Projekten,
→ aktuelle Informationen,
→ Dankschreiben.

„Ein Bild sagt mehr als tausend Worte“ kommt nicht von ungefähr.

Kreative Ideen: Weitere Maßnahmen

Erfolgreiches Fundraising braucht Phantasie. Es ist einfach eine Tatsache: Menschen fassen lieber und schneller ins Portemonnaie, wenn sie merken, dass sich der Spendensammler etwas wirklich Originelles hat einfallen lassen.

Auf den folgenden Seiten finden Sie jede Menge Ideen, die Ihnen „Lust auf mehr" machen sollen, Lust auf mehr kreative und erfolgreiche Fundraising-Aktionen. Die Aufstellung ist natürlich nicht vollständig. Doch Sie finden viele praxiserprobte Tipps. Damit Sie Aufwand, Ertrag und Reichweite – also den möglichen Erfolg Ihrer geplanten Fundraising-Aktion – schnell beurteilen können, haben wir dies mit roten, gelben und grünen Äpfeln sichtbar gemacht.

Und jetzt sind Sie gefragt: Sammeln Sie Anregungen, lassen Sie sich inspirieren – und dann los!

1-Euro-Kampagne

Profil Die Idee der Kampagne ist es, möglichst viele Spender zu gewinnen, z.B. ein Jahr lang mindestens einen Euro je Tag oder Woche für das Projekt zur Verfügung zu stellen. Das hört sich für den Einzelspender erst mal wenig an, in der Summe kann aber bei entsprechender Spenderzahl doch viel zusammenkommen.
Vorteile Diese Art der Kampagne zielt auf Dauerspender. Da sind Weiterentwicklungen nicht ausgeschlossen. Wer dauerhaft etwas spendet, wird vielleicht auch einmal etwas mehr geben.
Grenzen Der kritische Punkt liegt in der Zahl der Spender. Wenn hier keine Flächenwirkung gelingt, verliert diese Maßnahme an Sinn.

Aktien und Bausteine

Profil Bieten Sie ideelle „Aktienbriefe" mit unterschiedlichen Wertnotierungen an, etwa mit 50 Euro, 100 Euro, 500 Euro und 1000 Euro. Die Dokumente sollten auf hochwertigem Papier mit dekorativer Schrift gestaltet sein. Optional können Sie auch Glasrahmen mitgeben. Anstelle von Papier bieten sich – je nach Projekt – auch Ziegelsteine (zum Bau), Dachpfannen (zur Dacherneuerung) oder alte Notenblätter (Orgelerwerb) o.Ä. an. Im Idealfall sollten Aktie oder Baustein so attraktiv sein, dass der Spender es zu Hause gerne zur Schau stellt.
Vorteile Relativ wenig Aufwand für möglicherweise hohe Einnahmen.
Grenzen Die Einstiegsspende liegt meist etwas höher, daher begrenzt sich auch die Menge der Spender.

Amerikanische Versteigerung

Profil Während es bei „normalen" Versteigerungen üblich ist, dass der Meistbietende den Zuschlag erhält, zahlt bei „amerikanischen Versteigerungen" jeder, der ein Gebot abgibt. Die Steigerungsschritte müssen vorher benannt werden, etwa zwei oder fünf Euro. Man steigert solange, bis sich niemand mehr findet, der bereit ist, das letzte Gebot zu überbieten. Dabei werden manchmal Einnahmen erzielt, die über den Wert der zu gewinnenden Gegenstände hinausgehen.
Vorteile Ein echtes Ereignis. Hoher Spaßfaktor.
Grenzen Eine solche Form der Versteigerung kann manchmal recht lange dauern.

Auto-Werkstatt

Profil Pünktlich zu Ostern und Winterbeginn ist ein Service zum Reifenwechsel sehr gefragt. Verbinden Sie das Angebot ggf. mit Innenreinigung und Kaffee für die Zwischenzeit. Jeder Kunde zahlt entweder einen festen Betrag oder bestimmt selbst die Höhe.
Vorteile Während der Kaffeepause gibt es eine gute Gelegenheit, das Projekt näher vorzustellen.
Grenzen Ein handwerkliches Geschick muss vorhanden sein.

Bäume pflanzen

Profil Bei Bepflanzungsprojekten eine ideale Aktion, aber nicht ausschließlich. Jeder Baum kann auch eine Spende für ganz andersartige Projekte symbolisieren. Suchen Sie ein freies Stück Land, sei es auf Ihrem Grundstück oder vielleicht anderswo. Bieten Sie „Patenschaften" für einzelne Bäume an.

Vorteile Bäume pflanzen liegt – auch unter dem Gesichtspunkt des Umweltschutzes – sehr im Trend. Deshalb: Vergessen Sie nicht, vorher die Presse zu kontaktieren.

Grenzen Diese Aktion kann eigentlich nur einmal durchgeführt werden.

Benefiz-Konzert

Profil Eine kulturelle Veranstaltung mit Eintrittskosten, deren Erlös Ihrem Projekt zugutekommt. Wichtig ist hier allerdings ein attraktiver Künstler, der eine Anziehungskraft besitzt. Aber Achtung: Die Gage muss begrenzt sein, sonst bleiben Sie am Ende sogar auf einem Minus sitzen.

Vorteile Bei entsprechender Besetzung ist eine hohe Aufmerksamkeit garantiert.

Grenzen Erfahrungsgemäß ist der Image-Wert eines Benefizkonzertes höher als die zu erwartenden Einnahmen.

Bücher-Flohmarkt

Profil Sowohl als separate als auch integrierte Veranstaltung bei einem Gemeindefest denkbar. Am meisten Käufer finden sich sicherlich bei einer Teilnahme an einem öffentlichen Flohmarkt. Vereinbaren Sie mit allen Teilnehmern, dass die Erlöse ganz oder anteilig dem Projekt zugutekommen.

Vorteile Relativ wenig Aufwand, viele Möglichkeiten zum Gespräch über das Spendenprojekt.

Grenzen Auch beim antiquarischen Verkauf bestimmen am Ende Angebot und Preis den Erlös. Deshalb: Bieten Sie keinen Ramsch an und seien Sie nicht zu teuer.

Bußgelder

Profil Jedes Jahr werden bundesweit rund 130.000 Gerichtsverfahren gegen ein Bußgeld eingestellt. Je nach Gerichtsbezirk fließt mehr als die Hälfte der Geldauflagen gemeinnützigen Einrichtungen zu. Die Erfahrung zeigt, dass viele der berechtigten Richter auch kleineren Initiativen vor Ort etwas zuweisen. Wenden Sie sich an Ihr zuständiges Amts- oder Landgericht mit einem Brief. Je nach Gericht ist ein formloser Brief oder ein Formschreiben notwendig. Manchmal hilft auch ein persönlicher Kontakt zu den einzelnen Justizbeamten wie Richter, Staatsanwälten oder Gerichtsangestellten.

Vorteile Wenn Sie als Empfänger einmal anerkannt sind, ergibt sich hier eine gute Geldquelle.

Grenzen Die Gerichte erwarten die Überwachung der Zahlungseingänge. Hier besteht eine Meldepflicht.

Cafeteria

Profil Ein erster Anfang kann die Öffnung einer Cafeteria bzw. eines Bistros zu bestimmten Zeitpunkten sein, z.B. nach Gottesdiensten oder bei größeren Veranstaltungen. Wenn der Zuspruch sehr groß ist, könnte eine ständige Öffnung erwägenswert sein. Dann ist es allerdings sinnvoll, eine eigene GmbH zu gründen.

Vorteile Hohe Aufmerksamkeit.

Grenzen Achten Sie auf die Steuerpflicht. Die Einnahmen von Bistros werden in der Regel dem „Zweckbetrieb" zugeordnet, achten Sie auf Ihre Steuergrenze. Fallen die Einnahmen höher aus, müssen sie versteuert werden (siehe Seite 120).

E-Mail-Newsletter

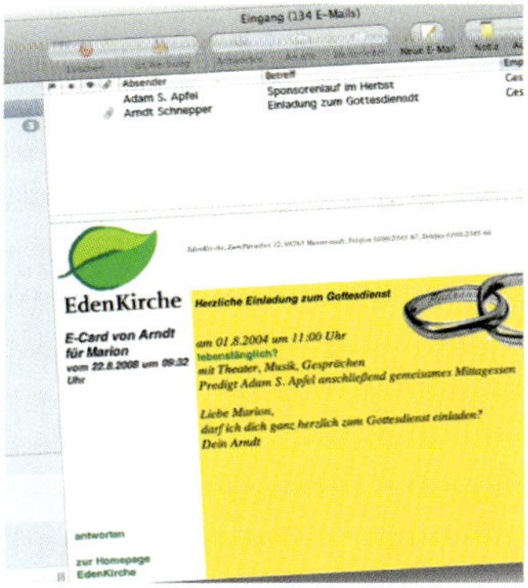

Profil Eine E-Mail kann zu den Spendenbriefen flankierend eingesetzt werden, ersetzen kann sie den klassischen Spendenbrief freilich nicht. Denn noch immer wird die E-Mail gegenüber dem Brief als unpersönlicher empfunden. Sinnvoll ist es, einen Newsletter mit interessanten Informationen zu verbinden, was die Wertigkeit enorm erhöht.

Vorteile Keine Kosten beim Versand.

Grenzen Vorsicht! Unverlangt versandte E-Mail-Werbung ist nach deutschem Recht untersagt. Diese Regelung betrifft normale Briefpost nicht.

Enten-Rennen

Profil Das erste Enten-Rennen fand vor rund 20 Jahren im kanadischen Ottawa statt. Seitdem hat es seinen Siegeszug durch die ganze Welt geführt. Im Vorfeld werden nummerierte Plastikenten gegen eine Spende verkauft. Hier können auch Partner im Einzelhandel gewonnen werden. Am Start werden die Enten in einen Fluss gelassen. Sieger wird, wessen Ente zuerst das Ziel durchschwimmt. Rechtlich gesehen ist ein Entenrennen eine Lotterie oder auch Tombola.
Vorteile Hohe Aufmerksamkeit. Hoher Spaßfaktor.
Grenzen Es müssen möglichst viele Teilnehmer gefunden werden, sonst geht der Spaß verloren.

Erbschaften

Profil Will man den Statistiken Glauben schenken, schwappt eine regelrechte Erbschaftswelle über Deutschland hinweg. Dabei hat nicht jeder, der sein Testament macht, hat nahe Verwandte. Und viele, die etwas vererben, überlassen einiges ihren Kirchen und Gemeinden. Dieses Thema anzusprechen ist immer eine heikle Angelegenheit. Grundsätzlich sollte man öffentlich darüber reden, auch indem man auf vergangene Erbschaften positiv hinweist. Im Einzelfall kann man persönlich mit potenziellen Erblassern sprechen. Dies setzt aber Offenheit und Vertrauen voraus. Ist dies nicht gegeben, sollten keinerlei Versuche unternommen werden.
Vorteile Erbschaften gehören zu den schönen Überraschungen.
Grenzen Erbschaften sind nicht planbar und sollten deshalb nicht Bestandteil einer normalen Haushalts- oder Spendenplanung sein.

Ereignis-Spenden

Profil Frohe Ereignisse wie runde Geburtstage oder Jubiläen können eine gute Gelegenheit sein, seine Freude zu teilen. Gehen Sie mit gutem Beispiel voran und bitten Sie Ihre Gäste, auf das übliche Geschenk zu verzichten, dafür etwas für Ihr Gemeindeprojekt zu spenden. Oft reicht eine einfache Box, die man aufstellt. Man kann aber auch – ähnlich wie bei den Aktien – Geschenk-Briefe erstellen, die der Schenkende persönlich ausstellt.
Vorteile Wenig Aufwand, hohe Einnahmen möglich.
Grenzen Vorsicht bei der Vermittlung dieser Idee; mancher kann sich damit nicht so schnell anfreunden.

EU-Gelder

Profil Die Fördertöpfe der Europäischen Union sind das Ziel vieler Hoffnungen. Mittels ihrer Strukturfonds und Förderprogramme vergibt die EU enorme Mengen an Finanzen. Der Weg zu ihnen ist allerdings mit vielen Hindernissen gepflastert. Bevor Sie sich hier wirklich engagieren, ist ein Termin in einem EU-Büro Ihres Bundeslandes von Vorteil. Hier oder in einem der EU-Verbindungsbüros sollten Sie sich genauestens informieren.
Vorteile Im Einzelfall sind großzügige Förderungen möglich. Ein hoher Imagegewinn ist damit auch verbunden.
Grenzen Jeder Antrag ist mit großem Aufwand verbunden.

Förderkreise

Profil Die Idee der Delegation lebt in den Förderkreisen. Hier vervielfältigt sich das Engagement zur Spendengewinnung auf natürliche Weise. Der vornehmste Weg ist die Gründung eines eingetragenen Vereins. Achten Sie darauf, dass zum Vereinsvorstand sogenannte „Türöffner" gehören, die Kontakte zu Wirtschaft und Politik besitzen. Ein zusätzlicher Vorteil ist die Verdopplung der Steuerfreibeträge: Nun kann sowohl Ihre Gemeinde als auch der Förderverein Einnahmen tätigen. Ein anderer Weg ist die Einrichtung von Förderkreisen ohne eigenen juristischen Status oder ganz schlicht die Integration von einzelnen Gemeindegruppen. So setzen sich z.B. Pfadfinder, Kindergottesdienste, Seniorenkreise etc. für das Projekt separat ein.

Vorteile Förderkreise multiplizieren die Spendenwerbung. Nun ist es nicht mehr die Leitung alleine, sondern viele Gruppen, die sich mit einbringen.

Grenzen Förderkreise und -gruppen leben vom Engagement ihrer Mitglieder. Wenn hier die rechten Mitarbeiter fehlen, kann von außen nur schwer neuer Schwung vermittelt werden.

Rent a job

PROFIL Eine Gruppe bietet kompetente Unterstützung bei der Hausarbeit an. Sei es Rasenmähen, Malerarbeiten, Hundausführen etc. – jeder, der die Hilfe in Anspruch nimmt, verpflichtet sich zu einer Spende. Sinnvoll ist es, eine Person zu beauftragen, die die ganze Koordination übernimmt. Kommunizieren Sie das Angebot angemessen in Schaukasten, Gemeindebrief etc.

VORTEILE Hoher Image-Wert. Für viele Menschen ist das Angebot eine echte Hilfe.

GRENZEN Die Menge der Einnahmen ist sicher begrenzt.

Haus-Sammlungen

PROFIL Das Sammeln von Haus zu Haus ist eine der ältesten Formen des Spendensammelns überhaupt. Vielerorts ist es wegen sogenannter „Drückerkolonnen" in Verruf geraten. Hier handelt es sich um schlecht bezahlte Spendenwerber oder Zeitungsverkäufer, die aufdringlich ihre Anliegen vortragen. Es gibt aber auch andere Erfahrungen, etwa die „Sternsinger", wo als Heilige Drei Könige verkleidete Jugendliche in der ersten Januarwoche für benachteiligte Kinder sammeln. Wichtig: Haussammlungen und Straßensammlungen müssen behördlich genehmigt werden. Nähere Informationen erhält man bei den Ordnungsämtern. Als nützlich erweist sich auch eine vorherige Veröffentlichung über die Presse.

VORTEILE Je nach Spendenprojekt lassen sich durchaus ansehnliche Geldsummen gewinnen.

GRENZEN Haus-Sammlungen sind nicht jedermanns Ding. Hier gehört schon eine gewisse Portion Selbstbewusstsein dazu.

Kinder-Club

Profil Ein Angebot für alle gestressten Eltern während der Adventssamstage. Bieten Sie gegen Spende eine Versorgung der Kinder an. Dies kann im Gemeindehaus geschehen, möglicherweise nach Absprache der Geschäftsleitung auch direkt in einem Einkaufscenter.

Vorteile Hoher Image-Wert. Hier finden sich auch Fundraising und diakonisches Engagement zusammen.

Grenzen Kinder-Clubs lassen sich nicht dauerhaft durchführen und erfordern Mitarbeiter mit pädagogischem Geschick.

Kollekten-Karten

Profil In fast jedem Gottesdienst wird heute eine Kollekte erhoben. Der Nachteil: Spenden dieser Art können später nicht von der Steuer abgesetzt werden, da sie nicht quittiert werden. Abhilfe können Kollektenkarten schaffen. Als Papier oder Scheckkarten werden sie im Gemeindebüro oder anderswo gegen Spendenquittung abgegeben. Möglich sind Staffelungen über etwa fünf, zehn und zwanzig Euro. Diese Karten werden dann später bei einer Kollekte eingeworfen.

Vorteile Ein gutes Angebot für den Spender, um Steuern zu sparen.

Grenzen Kollekten leben auch stark vom spontanen Geben. Kollektenkarten setzen dagegen ein planerisches Verhalten voraus.

Kommunen, Länder und Bund

Profil In Zeiten knapper werdender Finanzen sind auch den staatlichen Institutionen in Sachen Förderung zusehends die Hände gebunden. Doch es gibt sie immer noch. Grundsätzlich gilt es, zwischen Projektförderung und dauerhafter Förderung zu unterscheiden. Der erste Versuch sollte den städtischen Behörden gelten. Hier kann man auch meistens weitere Fördermöglichkeiten seitens des Landes und des Bundes in Erfahrung bringen.

Vorteile Je nach Lage sind bedeutende Fördersummen möglich.

Grenzen Möglicherweise ist ein hoher Verwaltungsaufwand erforderlich.

Lese-Marathon

Profil Wählen Sie einen Tag, ein Wochenende oder gar eine ganze Woche aus, an dem etwa die Bibel oder ein anderes Buch laut vorgelesen wird. Jeder Vorleser sucht sich für eine bestimmte Zeit oder für ein Kapitel möglichst viele Sponsoren, die ihn für diese Zeit mit einer Spende unterstützen.

Vorteile Lesen ist „in". Vielleicht gelingen ja auch Kooperationen mit Schulen oder anderen Bildungseinrichtungen. Wer kreativ ist, kann aus dem Lese-Marathon ein kulturelles Highlight machen.

Grenzen Die Aktion darf nur in größeren Intervallen durchgeführt werden.

Lotterie-Ausschüttungen

Profil Mehr als 400 Euro gibt durchschnittlich im Jahr ein deutscher Haushalt für Glücksspiele aus. Das ist weit mehr als die Summe der Bildungsausgaben. Ein Teil der Erlöse fließt in die Landeshaushalte, die selbstständig über die Vergabe entscheiden. Eine Antragsmöglichkeit gibt es oftmals nicht. Viele Ausschüttungen sind fest an die Spitzenverbände der Wohlfahrtspflege vergeben. Positive Ausnahmen, wo es sich lohnt, ggf. einen Antrag zu stellen, sind etwa die ARD-Fernsehlotterie „Ein Platz an der Sonne" oder „Aktion Mensch".

Vorteile Wenig Aufwand.

Grenzen Geringe Chancen, einen Zuspruch zu erhalten.

Mäzenatentum

Profil Die Bezeichnung des Mäzens bzw. der Mäzenin rührt vom Römer Gaius Maecenas (1. Jh. v. Chr.) her, der in seiner Zeit Dichter wie Vergil oder Horaz förderte. Heute versteht man unter dem Mäzen eine vermögende Person, die Einrichtungen oder Projekte fördert, ohne direkte Gegenleistungen zu erwarten. Das unterscheidet das Mäzenatentum deutlich vom Sponsoring. Warum also nicht auf die Suche nach solchen Mäzenen gehen? Halten Sie die Augen und Ohren offen, lesen Sie in der Zeitung, wer als Großspender immer wieder genannt wird. Bitten Sie Ihre Mitarbeiter, Namen zu nennen, die ihnen als mögliche Mäzene einfallen könnten.

Vorteile Persönliche Kontakte zählen. Bitten Sie Bekannte des jeweiligen Mäzens, aktiv zu werden.

Grenzen Auch Mäzene haben ihre Vorlieben. Nicht immer passen Persönlichkeit und Projekt zusammen.

Merchandising

Profil Unter Merchandising (vom englischen „merchand": Verkäufer) versteht man den Verkauf von Artikeln, die den Namen oder das Logo der Spendenorganisation führen. Für eine Gemeinde böten sich z.B. Tassen, Schirme, Zollstöcke, Kugelschreiber, PC-Mäuse o.Ä. an. Eine Idee ist es, sich hier einige Kataloge von Werbeartikelherstellern zukommen zu lassen. Ziel ist es u.a., mit dem Erlös das Spendenprojekt zu unterstützen.

Vorteile Merchandising-Artikel werden gerne als kleine Geschenke gekauft.

Grenzen Achten Sie auf die steuerlichen Freibeträge. Der Image-Gewinn kann beträchtlich sein, die Einnahmen sind meist aber bescheiden.

Online-Spenden

Profil Eine eigene Internet-Präsenz ist heute ein echtes „Muss". Aber nicht nur als Instrument der Öffentlichkeitsarbeit ist es sinnvoll, auch als Mittel des Fundraisings ist es immer stärker im Kommen. Möglich sind das Lastschriftverfahren, eine Einzugsermächtigung oder das Eingeben der Kreditkartennummer. Erfahrungsgemäß wird das Internet vor allen Dingen bei Katastrophen – wenn man sehr schnell helfen will – als Spendenweg benutzt. Ansonsten gibt es allerdings auch Vorbehalte: Noch immer weisen Untersuchungen darauf hin, dass die Sicherheit manchmal beim Online-Verfahren nicht gewährleistet ist.

Vorteile Spender können spontan und rasch Geld spenden.

Grenzen Der Aufwand kann als kritisch eingeschätzt werden. Manchmal reicht auch einfach der Hinweis auf die Bankverbindung.

Patenschaften

Profil Patenschaften stehen heute manchmal in der Kritik. Hintergrund sind die sogenannten „Kinderpatenschaften“, bei denen einzelne Kinder anscheinend bevorzugt werden. Auch der einhergehende Verwaltungsaufwand scheint nicht immer gerechtfertigt zu sein. Trotzdem: Patenschaften können grundsätzlich eine gute Idee sein, die Spender langfristig zu binden. Denkbar sind Patenschaften für einzelne Räume des neuen Hauses, bestimmte Bäume im Garten, Stühle in der Kirche etc.

Vorteile Die Spender können einen persönlichen Bezug zum Projekt entfalten, was wiederum eine Förderung der Spendenbereitschaft zur Folge hat.

Grenzen Die Patenschaft darf kein Werbegag werden.

Pfunde purzeln lassen

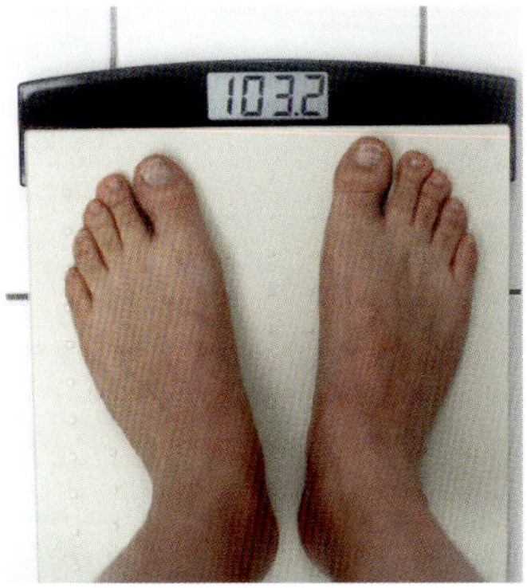

Profil Eine wahre Herausforderung! Wer will, verpflichtet sich, für einen fixierten Zeitraum Körpergewicht abzubauen. Zur Unterstützung sucht sich der Teilnehmer Sponsoren, die ihn für jedes Pfund bzw. Kilogramm mit einer festen Summe unterstützen. Je mehr Sponsoren er gewinnt und je mehr er abnimmt, desto mehr kommt dem Spendenprojekt zugute.

Vorteile Gesprächsstoff ist garantiert, so wird auch Ihr Projekt publik.

Grenzen Abnehmen wollen viele, aber es ist keine leichte Sache. Entsprechend wenige Teilnehmer werden sich auf einen solchen Prozess einlassen.

Schirmherrschaften

Profil Bekannte Persönlichkeiten können für Ihr Projekt durchaus förderlich sein. Sie garantieren meist für Seriosität und schaffen Aufmerksamkeit. Ist der Schirmherr (Schirmfrauen gibt es nicht) populär, lohnt sich seine Abbildung in Briefen und Prospekten. Sie sollten ihn oder sie auch zu besonderen Anlässen einladen und dies pressewirksam vorbereiten. Achten Sie darauf, dass Ihr Unterstützer auch inhaltlich zum Spendenprojekt passt.

Vorteile Gute Schirmherrschaften stiften ein hohes Maß an öffentlichem Interesse.

Grenzen Mit Schirmherrschaften kann man gewinnen – und verlieren. Mögliche Skandale oder Niederlagen werden auf Sie leider auch übertragen.

Service-Clubs

Profil Service-Clubs wie die Rotary-Clubs, Lions-Clubs, Kiwanis-Clubs, Zonta-Clubs, Soroptimist-Clubs oder die Round Tables gehören zu den klassischen Wohltätigkeitskreisen. Ihre Mitglieder, die meist über ein größeres Vermögen verfügen, engagieren sich für das soziale Miteinander. Ein Versuch, hier eine Förderung zu erhalten, sollte nicht unterlassen bleiben. Die entsprechenden Adressen sind meistens im Internet erhältlich.

Vorteile Unterstützung von individuellen Projekten ist möglich.

Grenzen Erfahrungsgemäß sind persönliche Kontakte oft ein Türöffner. Ohne sie ist es manchmal schlecht bestellt.

Spardosen

Profil „Kleinvieh macht auch Mist" – das ist das Erfolgsrezept der Spardosen. Besorgen Sie sich über die Sparkassen oder Banken eine schöne Serie von Sparbüchsen und versehen Sie diese mit einem Hinweis auf Ihr Spendenprojekt. Möglich ist die flächendeckende Verteilung an Ihre Mitglieder und Gäste, aber auch das Aufstellen in Geschäften und Restaurants. Am sichersten ist es, wenn Sie die Schlüssel nicht aushändigen.

Vorteile Ihr Spendenprojekt findet Eingang in viele Orte und Räume.

Grenzen Es entstehen gewisse Aufwandskosten.

Sparkassen

Profil Die Sparkassen sind dem Gemeinnutz verpflichtet. Teile des Jahresüberschusses verwenden sie deshalb als Spenden für gemeinnützige, kulturelle, wissenschaftliche oder soziale Zwecke. Eine freundliche Bitte an den Sparkassenleiter um Unterstützung ist allemal ein Versuch wert. Leider sind Sie nicht der Einzige, der auf diese Idee kommt. Aber man sollte sich bei einer ersten abschlägigen Antwort nicht entmutigen lassen.

Vorteile Hohe Förderchancen möglich.

Grenzen Ohne persönliche Kontakte ist der Anfang manchmal etwas mühsam.

Spenden-Lauf

Profil Veranstalten Sie einen Lauf mit offener Strecke. Jeder Läufer läuft, solange er kann. Im Vorfeld sucht er möglichst viele Sponsoren, die ihn für jeden Kilometer bzw. jede Runde mit einem gewissen Betrag unterstützen.
Vorteile Mit entsprechender Vorarbeit kann diese Art von Rennen zu einem richtigen Volksfest werden.
Grenzen Höherer Aufwand bei Vorbereitung und Durchführung ist notwendig.

Spenden-Parlamente

Profil Die Idee stammt ursprünglich aus Hamburg. Spender können sich im Spendenparlament in einem demokratischen Verfahren an der Vergabe der Spenden beteiligen. Bewerber um Spendengelder stellen ihre Projekte vor, werden von der Finanzkommission des Spendenparlaments geprüft und stellen sich auch öffentlich den Fragen. Die Kontaktadressen lassen sich im Internet leicht recherchieren.
Vorteile Problemlose Form der Unterstützung.
Grenzen Die Satzungen der Spendenparlamente sehen oft nur bestimmte Projekte vor, die gefördert werden.

Sponsoring

Profil Sponsoring ist etwas anderes als Spenden. Sind Spenden meist zweckfrei, ist das Sponsoring für Firmen ein wichtiges Instrument der Kommunikation. Mit ihrer Unterstützung erhoffen sie sich einen Gewinn, sei es an Bekanntheit oder Image. Gerade größere Unternehmen haben klare Vorstellungen von den Projekten, die sie fördern wollen. Die Gegenleistungen, die sie erwarten, sollten vorher genau geklärt werden. Aber auch als Gemeinde muss man sich darüber klar sein, mit wem man gemeinsam gesehen werden will. Etwa mit einem Spirituosenhersteller oder einer Videothek? Wohl besser nicht.

Vorteile Persönliche Kontakte sind hilfreich. Größere Unternehmen haben manchmal auch ihre eigenen Förderstiftungen.

Grenzen Manche Firmen lehnen eine Unterstützung von religiösen Organisationen grundsätzlich ab. Je nach Maß der Zusammenarbeit müssen Sponsorengelder auch steuerlich geltend gemacht werden.

Stiftungen finden

Profil Stiftungen erleben in Deutschland einen Boom, manche sind allerdings auch schon im Mittelalter gegründet worden. Zu unterscheiden sind „operative“ und „fördernde“ Stiftungen. Letztere sind für das Fundraising von Bedeutung. Eine Satzung klärt die Ziele und Zwecke der Stiftung. Hier gilt es solche Stiftungen zu finden, die dem eigenen Spendenprojekt entsprechen. Viele Stiftungen haben allerdings ihre festen Förderpartner oder sind regional begrenzt. Im Internet finden sich viele Adressen, aber längst nicht alle.

Vorteile Geben Sie nicht zu schnell auf, schon mancher hat hier eine schöne Überraschung erlebt.

Grenzen Manche fördernde Stiftungen lassen keine Antragsmöglichkeit zu.

Tannenbaum-Sammeln

Profil Wer kennt das Problem nicht? Im neuen Jahr verliert der Weihnachtsbaum schnell seine Nadeln. Eine öffentliche Sammelstelle ist oft weit und im privaten Hausmüll lässt sich das Edelholz auch nicht verteilen. Eine Abholung der Tannenbäume gegen eine Spende ist meist hoch willkommen. Sinnvoll ist es, die Sammlung frühzeitig durch Presse oder Flyer öffentlich zu machen. Diese Aktion eignet sich auch gut für ein traditionelles Angebot, das sich jedes Jahr wiederholt.

Vorteile Mit diesem Angebot können Sie ganz neue Kontakte erschließen.

Grenzen Ein gewisser Aufwand mit LKW und Fahrstrecken ist erforderlich.

Telefon-Werbung

Profil In Deutschland sind der Werbung mittels Telefon enge Grenzen gesetzt. Ähnlich wie bei E-Mails ist es nicht erlaubt, unbekannte Personen mit dem Ziel der Werbung zu kontaktieren. Es ist also nicht möglich, das Telefonbuch zu nehmen und wahllos Adressen anzurufen. Dies würde – sehr gut nachvollziehbar – die Privatsphäre verletzen. Anders verhält es sich mit Briefen. Trotzdem kann das Telefon ein wichtiges Instrument sein, z. B. bei einem Danke sagen oder der Einladung zu einer besonderen Veranstaltung.

Vorteile Zeitnaher und persönlicher Kontakt ist möglich.

Grenzen „Kalte", d.h. unbekannte Adressen dürfen verständlicherweise nicht angerufen werden.

Tombola

Profil Tombola (italienisch: Lottospiel) ist eine Verlosung von Geschenkartikeln. Einzelne Lose werden verkauft, die Einnahmen kommen dem Spendenprojekt zugute. Es lohnt sich, Firmen, Geschäftsführer und auch Privatpersonen um Unterstützung bei den Preisen zu bitten.

Vorteile Hoher Spaßfaktor.

Grenzen Die Gewinne sind meistens begrenzt.

Trauerspende

Profil Viele Menschen entscheiden sich anlässlich einer Trauerfeier, auf Blumen und Kränze zu verzichten. Im Gegenzug bitten sie im Andenken an die Verstorbenen um eine Spende für ein bestimmtes Projekt. Im Einzelfall kann ein Kontakt zum Bestattungsunternehmer hilfreich sein, der ggf. Ihr Projekt an geeigneter Stelle vorschlagen kann.

Vorteile Diese Form der Spende drückt ein hohes Maß an Identität aus.

Grenzen Für diese Form der Spende lässt sich eigentlich nicht werben, sie sollte sich ergeben.

Verkauf von Erinnerungen

Profil Sie wollen ein neues Haus errichten? Warum verkaufen Sie nicht die Einrichtungsgegenstände des alten Hauses? Der Kreativität sind keine Grenzen gesetzt: Steine, Dachziegel, Bilder oder Fensterglas. Vielleicht lassen sich auch einzelne Elemente umarbeiten, etwa das Metall der Glockenuhr oder das Holz vom Dachgestühl. Mit einem attraktiven Brief oder eingefasst in Plexiglas kann es sehr dekorativ wirken.

Vorteile Ein schönes Geschenk.

Grenzen Der Kauf setzt meist eine starke Identität mit dem Spendenprojekt voraus.

Weihnachtsbasar

Profil Ein traditionelles Modell, um Gelder zu generieren. Die Konkurrenz ist groß. Setzen Sie deshalb besondere Akzente. Bieten Sie z.B Spiele für Kinder an, laden Sie prominente Persönlichkeiten zum Lesen von Weihnachtsgeschichten ein oder bauen Sie eine hübsche Ladenzeile, wo Backwerk verkauft wird.

Vorteile Veranstaltungen dieser Art finden meist ein positives Echo.

Grenzen Große Einnahmen gelingen auch nur bei guten und günstigen Angeboten.

EdenKirche

Den Boden bereiten: Erkannt werden

Wiedersehen macht Freude

Gegenüber Neuem sind wir Menschen von Natur aus einerseits neugierig, aber andererseits auch zunächst skeptisch und zurückhaltend. Egal ob Bilder, Gesichter, Töne, Stimmen, Musik, Geruch oder Geschmack: Das „Wiedererkennen" macht Freude. Irgendetwas in unserem „Speicher", unserem Gehirn, muss wohl auf „Einprägen durch Wiederholung" programmiert sein. Genauso ist es auch im Umgang mit anderen Menschen. Man vertraut einem „Bekannten" eher als einem Fremden. Es besteht ein untrennbarer Zusammenhang von Wiedererkennen, Gewohnheit und Vertrauen.

Ob hier die Ursache dafür liegt, dass auch in der Werbung die gleichen „Mechanismen" greifen? Denn erfolgreiche Werbung lebt von der richtigen Mischung aus „Neuem" und „Vertrautem". Werbung, die „funktioniert", greift Bekanntes, Gewohntes auf und interpretiert oder kombiniert es neu. Wenn dabei mitgedacht werden muss, prägt sich das Gesehene noch besser ein.

Damit wir als Gemeinde besser wahrgenommen werden können, müssen wir auf Gewohnheit setzen, ja Gewohnheiten schaffen. Es kommt darauf an, von den Menschen, die wir erreichen wollen, gesehen zu werden – wiedererkennbar, „einprägbar" auf Anzeigen und Plakaten, im Internet und am Gebäude, im Gemeindebrief und auf Einladungszetteln. Sie werden merken, dass Sie in der Öffentlichkeitsarbeit davon profitieren und darauf aufbauen können.

Erfolgreiche Werbung genauso wie erfolgreiches Fundraising setzt Vertrauen voraus. Und dies hat auch mit dem Charakter und der Persönlichkeit eines Unternehmens oder einer Organisation zu tun. Menschen wollen ihrer Gemeinde vertrauen können. Sie brauchen Glaubwürdigkeit und Authentizität. Geben Sie ihnen Gelegenheit dazu durch eine „wiedererkennbare" Persönlichkeit. Lassen Sie Vertrauen wachsen, indem Sie die Ausdrucksformen der Gemeinde oder Kirche aufeinander abstimmen und durch Wiederholung zur Gewohnheit werden lassen.

Lassen Sie Vertrauen wachsen, indem Sie die Ausdrucksformen der Gemeinde oder Kirche aufeinander abstimmen.

Die Vorteile der Einheitlichkeit

Wiedererkennbares Gemeinde-Design
Einheitliches Aussehen bietet viele Vorteile: Denken Sie zum Beispiel an Ärzte oder Sanitäter. Durch ihre einheitliche Kleidung mit wiedererkennbaren Symbolen werden sie sofort als Helfer in der Not wahrgenommen. Ohne die „weißen Kittel" oder die „roten Kreuze" nähme sie vermutlich niemand zur Kenntnis.

Ganz ähnlich treten Mannschaften im Sport auf. Einheitliche Trikots und Farben verwandeln Einzelspieler in ein Team. Und damit identifizieren sich auch die Fans.

- Wie tritt Ihre Gemeinde in der Öffentlichkeit auf? „Wieder-erkennbar" oder „unauffällig"?
- Nutzen die einzelnen Veröffentlichungen der Gemeinde die Chance, als „Mannschaft" aufzutreten, oder möchte jeder gerne in seinem Lieblings-T-Shirt oder -anzug aufs Spielfeld rennen?

Es geht dabei nicht um Gleichmacherei, sondern darum, die Möglichkeiten des Zusammenwirkens, der Synergie, zu entdecken und damit Vertrauen zu nutzen oder zu er-„werben". Denn Einheitlichkeit ist kein Selbstzweck – sie stiftet Vertrauen. Und dieses ist für erfolgreiches Fundraising Grundvoraussetzung.

Zu einem einheitlichen Erscheinungsbild Ihrer Gemeinde gehören in der Regel ein ***Signet*** als Erkennungszeichen, vielleicht ein ***Slogan,*** entsprechende ***Farben, Schriften*** und gegebenenfalls auch Bilder.

Die Spannung zwischen eigener und fremder Wahrnehmung
Schon die Vorstellungen, die Sie selbst und andere Mitglieder von Ihrer Kirche oder Gemeinde haben, werden sich vermutlich unterscheiden. Wie viel mehr werden sie von den Vorstellungen der Menschen in der Umgebung Ihrer Kirche abweichen?

Vielleicht empfinden Sie selbst Ihre Gemeinde als bunt, lebendig und innovativ – Fremde erleben sie aber eher als altmodisch und konservativ. Oder Sie empfinden das Miteinander in der Gemeinde eher kühl und distanziert – Außenstehende jedoch freuen sich, in Ihrer Gemeinde warmherzig und liebevoll aufgenommen zu werden. Werbung und Öffentlichkeitsarbeit haben die Aufgabe, ein Bild Ihrer Kirche oder Gemeinde zu vermitteln, das Ihrer Gemeinde-Persönlichkeit entspricht.

Werbung und Öffentlichkeitsarbeit haben die Aufgabe, ein Bild Ihrer Kirche oder Gemeinde zu vermitteln, das Ihrer Gemeinde-Persönlichkeit entspricht.

Wichtige Nährstoffe: Gute Öffentlichkeitsarbeit

Auf dem Weg zu einer erfolgreichen Öffentlichkeitsarbeit empfehlen wir acht Schritte, die aus unserer Erfahrung die unentbehrlichsten und fast auf jede Gemeinde übertragbar sind.

1 Gemeinde-Design

Jahrhundertelang hatten die meisten Kirchen ein prägnantes und weithin sichtbares Erkennungszeichen: sich selbst. Sie standen im Zentrum und prägten das Leben der meisten Städte und Dörfer unseres Landes – und häufig deren Erscheinungsbild. Verständlich, dass Kirchenvorstände oder die Leitungskreise von Gemeinden stolz auf „ihr“ Gebäude sind. Aber das ist noch kein Grund, daraus ein Signet werden zu lassen. Gemeinde, Kirche ist mehr als ein Haus, nämlich die Beziehung von Menschen zueinander und zum gemeinsamen Vater im Himmel. Dies gilt es, in einem Zeichen zum Ausdruck zu bringen. Wenn dabei das Gebäude eine Rolle spielen kann, weil es besonders gut erkennbar und einzigartig gestaltet ist – wunderbar! Allen anderen sei empfohlen, ein unverwechselbares Signet zu finden, das dann vielleicht sogar auf dem Gebäude zu sehen ist.

Das Signet muss klar erkennbar sein. In wenigen Sekunden soll der Betrachter erkennen können, was gezeigt wird.

Voraussetzungen für ein gutes Signet

Was macht ein Signet zu einem guten Signet, zu einem echten Wahrzeichen? Sieben Voraussetzungen bzw. Kriterien sind es, die dabei eine wichtige Rolle spielen.

→ **Name**

Der Name der Kirche oder Gemeinde ist ein erster wichtiger Bestandteil eines Signets. Oft ist er vorgegeben und kann nicht verändert werden. Prüfen Sie, ob ein Zusatz, ein sogenannter „Claim“, möglich und sinnvoll ist. Falls eine „neue“ Namensgebung möglich ist, tun Freikirchen gut daran, im Namen Seriosität zu signalisieren. Das baut Ängste und Vorurteile gegenüber vermeintlichen „Sekten“ ab. Alteingesessenen Kirchen sei empfohlen, Wärme, Sympathie und Lebendigkeit zu artikulieren.

→ **Prägnanz**

Das Signet muss klar erkennbar sein. In wenigen Sekunden soll der Betrachter erkennen können, was gezeigt wird. Dabei kann das Signet durchaus mehrere Dimensionen besitzen, die sich nicht alle sofort auf den ersten Blick erschließen.

→ **Stempelcharakter**

Eine wichtige formale Eigenschaft ist die Notwendigkeit, ein Signet auf eine Farbe reduzieren und stark verkleinern zu können. Bunte Zeichen mit Schatten und Verläufen genügen diesem Anspruch nicht. Sie sind gut beraten, ein Signet zunächst in Schwarz-Weiß auf diese Eigenschaft hin zu überprüfen.

→ **Authentizität**

Das Signet soll der Ausdruck der ganzen Persönlichkeit Ihrer Gemeinde oder Kirche sein. Es soll „passen" wie ein Maßanzug und nichts vermitteln, was Ihre Gemeinde nicht hält. Es soll im besten Wortsinn ein Wahr-Zeichen sein.

→ **Wiedererkennbarkeit**

Eng mit der Prägnanz verbunden ist die Wiedererkennbarkeit. Das Zeichen muss dazu nicht nur prägnant sein, sondern sich auch von ähnlichen deutlich genug unterscheiden und sich leicht merken lassen, um besagtes „Wiedersehen" zu ermöglichen.

→ **Ästhetischer Wert**

Nicht alles, was bei der Gestaltung eines Signets wichtig ist und zu ästhetischer Qualität verhilft, ist Geschmackssache! Fachleute (Designer, Grafiker) haben gelernt, wie ein Zeichen auszusehen hat. Sie kennen Trends und haben gestalterisches Gespür und viel Erfahrung. Denn es ist oft wichtig, nicht das „Normale", das Gewohnte zu zeigen, sondern Bekanntes mit Neuem zu verbinden.

→ **Mut**

Gute Design-Lösungen erfordern Mut und den Willen, sie auch tatsächlich umzusetzen. Und dann braucht man einen langen Atem, um sich selbst treu bleiben zu können. Wie bei vielen Veränderungsprozessen werden Sie auch hier nicht sofort alle begeistern können.

Und ehrlich gesagt: Wenn sich niemand ärgert, wenn eine neue Idee auf breiteste Zustimmung trifft, sollten Sie stutzig werden. Dann ist die Idee vielleicht gar nicht neu.

Nicht alles, was bei der Gestaltung eines Signets wichtig ist und zu ästhetischer Qualität verhilft, ist Geschmackssache!

EdenKirche

EdenKirche

EdenKirche

EdenKirche

EdenKirche
Zum Paradies 12
98765 Gartenstadt
Telefon 0100/23 45-67 · Fax -68
mail@EdenKirche.de
www.EdenKirche.de
Pastor: Adam S. Apfel
pastor@EdenKirche.de
EdenKirche · Zum Paradies 12 · 98765 Gartenstadt
Es grüßt Sie freundlich
Adam S. Apfel
EdenKirche
Zum Paradies 12 · 98765 Garten
Telefon 0100/23 45-67 · Fax
www.EdenKirche.de
EdenKirche
Zum Paradies 12
98765 Gartenstadt
Telefon 0100/23 45-67 · Fax -68
mail@EdenKirche.de
www.EdenKirche.de
Adam Siegbert Apfel
Pastor
Telefon 0100/23 45-69
pastor@EdenKirche.de
EdenKirche
Zum Paradies 12
98765 Gartenstadt
Telefon 0100/23 45-67 · Fax -68
mail@EdenKirche.de
www.EdenKirche.de

2 Briefbögen & Co.

Die erste Bewährungsprobe muss das Signet auf Briefbögen und anderen „Basics“ wie Visitenkarten, Beschriftungen, Umschlägen und Stempeln bestehen. Allen gemeinsam ist die einheitliche Platzierung von Signet und Schriftzug.

→ Briefbogen

Der Briefbogen ist erst fertig gestaltet, wenn er beschrieben ist. Deshalb gehören zum Erscheinungsbild auch Regeln für das Beschreiben des Bogens. Da in einer Gemeinde unterschiedliche Ansprechpartner per Brief kommunizieren, sollten individuelle Daten ergänzt werden können. Ein solcher Bogen lässt sich verwenden für normale Briefe, Rundschreiben und Mitteilungen, Bescheinigungen und Urkunden.

Gestalten Sie Ihren Briefbogen so, dass weder beim Faxen noch beim Fotokopieren wichtige Details unleserlich werden. Achten Sie darauf, dass Ihr Briefbogen auch im Fensterumschlag „funktioniert“. Falz- und Lochmarken erleichtern den Umgang mit dem Bogen.

Tipp: Legen Sie die vorgedruckten Bögen als Kopierpapier in den Fotokopierer, dann ist jeder Brief ein Original.

→ Visitenkarten

Am besten im Standardformat 55 x 85 mm. Da die Visitenkarten im Verhältnis zur Auflage relativ teuer sind, sollten Sie möglichst alle Versionen gemeinsam mit der gleichen Auflage drucken lassen. Alternativ können Sie auch die Vordrucke (siehe links) nutzen.

→ Stempel/Siegel

Zu beachten ist hier, dass die Schriften nicht zu klein sein dürfen. Die Farbe des Stempelkissens bestimmt logischerweise die Farbe des Abdrucks und sollte daher passend gewählt werden.

Legen Sie die vorgedruckten Bögen als Kopierpapier in den Fotokopierer, dann ist jeder Brief ein Original.

sorlauf
2007, 10.00 Uhr
, Musterstadt
12.30 Uhr gemeinsames Mittagessen
45-67
enlauf@EdenKirche.de
erstützen Sie
„Muh" zur
g von Schulkindern.
EdenKirche.de
Sponsor-
lauf
Start: 1. April 2007, 10.
Rathausplatz, Muster
.de · Pastor: Adam S. Apfel
Zusam-
ung, Arbeit,
lheit – das
eziffern lässt.
„Maß der
twert tatsäch-
Gegenwert?
r allem dann,
en geht: Men-
ht und andere
umzugehen
aufeinander
Sie deshalb
bend, Samstag
ittag teil!
ist für Sie
en am Samstag
nbeitrag erhoben.
rlich. Richten Sie
Programmablauf
Freitag
19.00 Uhr Begrüßung
19.15 Uhr Einheit 1 „Geld regiert die Welt"
Samstag
9.30 Uhr Einheit 2 „Die finanzielle Freiheit"
10.15 Uhr Kaffeepause
10.30 Uhr Einheit 3 „Wertschätzungen"
12.30 Uhr Mittagessen
14.00 Uhr Einheit 4 „Haben, als hätte man nicht"
15.15 Uhr Kaffeepause
15.30 Uhr Einheit 5 „Vom seligen Geben"
Ich melde mich hiermit verbindlich an zur Teilnahme am Seminar
„Umgang mit Geld" vom 9.–10.11.2012
Mein Name und meine Anschrift:
Vorname Name
EdenKirche
Zum Paradies 12
Gartenstadt
45-67 · Fax

3 Das Vordruck-Paket

Erfahrungsgemäß sind die häufigsten Werbemittel in Kirchen und Gemeinden Plakate, Flyer, Prospekte und Karten. Wie lassen sich diese unterschiedlichen Maßnahmen einheitlich, aber nicht langweilig, attraktiv, aber kostengünstig gestalten? Schließlich muss der Flyer zur Worship-Night des Jugendkreises anders aussehen als eine Einladung zu Bibelabenden im Seniorenkreis. Bei beiden aber muss der gemeinsame Absender deutlich erkennbar sein, um „Wiedersehensfreude" aufkommen zu lassen.

Damit dies besonders gut und einfach gelingt, hat sich ein Paket von „multi-versellen" Vordrucken bewährt, die die wesentlichen Elemente des Erscheinungsbildes zeigen, für eine Vielzahl von Möglichkeiten einsetzbar sind und etwa 95 Prozent aller Anwendungen abdecken, nämlich:

→ Plakatvordrucke,
→ DIN-A4-Vordrucke für Flyer im DIN-A5- oder DIN-lang-Format,
→ Vordrucke für Handzettel im Format DIN lang,
→ Vordrucke für Kärtchen, die als Visitenkarten, Namensschilder und Grußkarten verwendet werden.

Richtige Plakate sind mindestens DIN A2 groß. Alles, was kleiner ist, funktioniert nicht gut. In drei Sekunden muss alles Wichtige beim „Empfänger" angekommen sein, sonst hat das Plakat seine Aufgabe nicht erfüllt.

Nun werden die wenigsten Gemeinden für ihre „normalen" Veranstaltungen mit DIN A2-Plakaten werben können, weil diese relativ teuer sind. Tipp: Lassen Sie „Blanko"-Vordrucke in größerer Auflage herstellen. Auf diese können Sie dann DIN A3 große Plakate kleben, die Sie bequem per Fotokopie erstellen können. Da der Vordruck bereits Signet und Adresse enthält, können Sie sich auf die wesentlichen Angaben zur Veranstaltung beschränken.

Tipp: Schaffen Sie für Ihr Plakat einen aufmerksamkeitsstarken Blickfang, zum Beispiel eine Karikatur oder eine gute Überschrift. Beantworten Sie die Fragen: Was? Wann? Wo? Vermeiden Sie überflüssige Informationen.

Ein Vordruck-Plakat – unten mit aufgeklebtem Motiv.

EdenKirche
Sponsor-
lauf
12.30 Uhr gemeinsames Mittagessen
Start: 1. April 2007, 10.00 Uhr
Rathausplatz, Musterstadt
Zum Paradies 12 · 98765 Gartenstadt Telefon 0100/2345-67 · www.EdenKirche.de · Pastor: Adam S. Apfel
Geld prägt seit vielen Jahren das Zusammenleben der Menschen. Nahrung, Arbeit, Dienstleistung, Freizeit, Gesundheit – das alles hat einen Wert, der sich beziffern lässt. Aber ist das Geld damit wirklich „Maß der Dinge"?
Sind Wertschätzung und Selbstwert tatsächlich abhängig vom finanziellen Gegenwert? Oft hat man den Eindruck. Vor allem dann, wenn es um extreme Situationen geht: Menschen, den es am nötigsten fehlt und andere die mit ihrem Überfluß nicht umzugehen wissen.
Das Seminar besteht aus drei aufeinander bezogenen Teilen. Nehmen Sie deshalb bitte unbedingt am Freitag abend, Samstag morgen und Samstag nachmittag teil!
Die Teilnahme am Seminar ist für Sie kostenlos. Für das Mittagessen am Samstag wird allerdings ein Unkostenbeitrag erhoben.
Eine Anmeldung ist erforderlich. Richten Sie diese bitte an
EdenKirche
Gemeindebüro
Zum Paradies 12
98765 Musterstadt
Telefon 0 23 45 67/8 90 12 34
r. Arndt Schnepper
st Theologe und
rbeitet als Presse-
sprecher.
Programmablauf
Freitag
19.00 Uhr Begrüßung
19.15 Uhr Einheit 1 „Geld regiert die Welt"
Samstag
9.30 Uhr Einheit 2 „Die finanzielle Freiheit"
10.15 Uhr Kaffeepause
10.30 Uhr Einheit 3 „Wertschätzungen"
12.30 Uhr Mittagessen
14.00 Uhr Einheit 4 „Haben, als hätte man nic
15.15 Uhr Kaffeepause
15.30 Uhr Einheit 5 „Vom seligen Geben"
Ich melde mich hiermit verbindlich an zur Teilnahm
„Umgang mit Geld" vom 9.–10.11.201
Mein Name und meine Anschrift:
Vorname Name
Straße
PLZ Ort
Telefon
E-Mail (falls vorhanden)
Bitte hier abtrennen.

4 Prospekte und Flyer

Als Vordruck im Format DIN A4 ist er sehr wandlungsfähig und vielfältig einsetzbar. Bei entsprechender Gestaltung kann er sowohl auf einen 4-seitigen DIN-A5-Prospekt als auch auf einen 6-seitigen Lang-DIN-Prospekt gefalzt werden. Das DIN-A4-Format ist in der Regel von jedem Fotokopierer und den einfachsten Druckern zu bewältigen. Bei größeren Auflagen lohnt sich eine separate Produktion.

Derselbe DIN A4-Vordruck für 4- oder 6-Seiter (oben). Flyer: beide Seiten nebeneinander kopiert, dann geschnitten (unten).

Inhalt und Gestaltung

- Überlegen Sie zu Anfang, welche Variante Ihrer Anforderung am besten genügt.
- Denken Sie an eine Antwortmöglichkeit. Besonders für diese Zwecke ist der 6-Seiter gut geeignet, weil man die äußere Seite ausfüllen und abschicken kann.
- Gibt es für diese Veranstaltung ein Plakat? Dann nutzen Sie das Motiv auf der Titelseite. Das schafft eine gute Wiedererkennbarkeit.
- Bringen Sie nur die Informationen, die für die Zielgruppe relevant sind (was, wann, wo?), und passen Sie auch die Gestaltung auf diese an (die Einladung für den Teenkreis muss anders aussehen als die für den Seniorenkreis). Ein kurzer Hinweis auf Ihre Gemeinde und die Möglichkeit zur Kontaktaufnahme dürfen nicht fehlen.
- Beschränken Sie sich auf wenige Schriftgrößen und Auszeichnungsarten, am besten auf die „Hausschrift“. Schaffen Sie eine klare Gliederung der Seiten, versuchen Sie einen Satzspiegel einzuhalten.

Einsatzmöglichkeiten und Chancen

- Mit diesem Prospekt können Sie zu allen Veranstaltungen einladen oder darüber informieren.
- Achten Sie bei der Produktion darauf, dass xerografisches Papier verwendet wird, damit es gut im Kopierer „läuft“. Und fragen Sie vorher in Ihrem Copyshop.

Flyer

Der „Handzettel“ ist der kleine Bruder des Prospektes. Beide Seiten sind identisch bedruckt. Da hier Vorder- und Rückseite nebeneinanderliegen, brauchen Sie nur eine Vorlage, und schicken das Papier einfach zweimal durch den Kopierer oder Drucker. Danach werden die Bögen in der Mitte auseinandergeschnitten.

Gemeindebrief
EdenKirche
Das Feld sei fröhlich
und alles, was darauf ist;
es sollen jauchzen
alle Bäume im Walde.
Psalm 96, 12
Film
Mel Gibsons „Die Passion Christi"
Der Weg aus der Schublade
Warum das Gebot „Du sollst dir kein Bildnis machen." so wichtig ist.

5 Gemeindebrief

Der Gemeindebrief ist ein echtes „Muss“ für jede Kirche und Gemeinde. Auch in Zeiten des Internets wird er nicht überflüssig. Einen Gemeindebrief kann man in die Hand nehmen und weitergeben, einen Internetauftritt nicht. Deshalb: Man kann auf vieles in der Gemeindewerbung verzichten, am Gemeindebrief sollte nicht gespart werden. Der Gemeindebrief ist im Idealfall das „Schaufenster“ der Gemeinde. Hier findet man einen schnellen Einblick in alle Termine, Veranstaltungen und Angebote der Gemeinde. Und er macht Appetit, die Angebote auch wahrzunehmen.

Darum gilt folgendes Ziel: Der Gemeindebrief soll im Sinne eines „Schaufensters“ so attraktiv sein, dass die Gottesdienstbesucher ihn erstens gerne lesen und zweitens auch gerne weitergeben.

Allerdings ist der Gemeindebrief in erster Linie ein internes Kommunikationsmittel. Mit ihm erreichen Sie alle Mitglieder und Freunde Ihrer Gemeinde. Auch Menschen, die sich schon länger nicht haben sehen lassen. Berücksichtigen Sie dies bei der Planung der Inhalte. Für die Weitergabe an völlig Fremde ist der Gemeindebrief zwar auch geeignet, aufgrund des internen Charakters fehlen hier aber wichtige Informationen. Ergänzend ist der Einsatz der allgemeinen Broschüre zu empfehlen – gerade beim Thema Fundraising, wo Ihre Gemeinde gegebenenfalls völlig fremden Interessenten vorgestellt werden soll.

Man kann auf vieles in der Gemeindewerbung verzichten, aber am Gemeindebrief sollte nicht gespart werden.

EdenKirche
Zum Paradies 12 · 98765 Gartenstadt Telefon 0100/23 45 67 · www.EdenKirche.de
In der Predigt erklärt Pastor Adam S. Apfel Texte der Bibel und ihre Anwendung auf unser Leben. So können wir Gott selbst begegnen und Lebenshilfe erfahren.
EdenKirche

6 Image-Broschüre

Wie ihr Name schon sagt, soll die Image-Broschüre ein erstes „Bild“ (= Image) Ihrer Gemeinde vermitteln und richtet sich damit in erster Linie an Menschen, die Ihre Kirche oder Gemeinde noch nicht kennen. Als Broschüre grenzt sich dieses Werbemittel sowohl vom Buch als auch vom einfachen Flyer ab. Sie stellt eine Erstinformation dar, die Appetit auf „mehr“ machen soll. Je nach finanziellen Möglichkeiten kann sie mehr oder weniger aufwändig gestaltet sein. Dabei beinhaltet sie

→ die wesentlichen Angebote Ihrer Gemeinde,
→ die Werte und die geistliche Ausrichtung,
→ die grundlegenden Kommunikationsdaten.

Folgende Punkte sollten Sie beachten:

→ **Format**
Das Format sollte nicht größer als DIN A5 sein. Auch das DIN-lang-Format (Versenden mit normalem Brief) oder das quadratische CD-Hüllen-Format (Versenden zusammen mit Predigt-CD etc.) sind eine gute Idee. In aller Regel sollte der Umfang zwischen 4 bis 16 Seiten liegen.

→ **Gültigkeit**
Denken Sie daran, dass Ihre Broschüre nicht schon im nächsten Monat neu aufgelegt werden kann. Deshalb nennen Sie nur Daten, die länger gültig sind.

→ **Inhalt**
Überlegen Sie sich, wie viel Zeit und Geld Sie investieren wollen – und können. Vielleicht beginnen Sie zum Start mit einer kleinen Version. Denken Sie in (Doppel-)Seiteneinheiten und folgen Sie dabei dem Grundsatz: Aktuelles und Attraktives zuerst – Grundsätzliches, Theoretisches, Geschichtliches zum Schluss.

→ **Sprache**
Formulieren Sie die Inhalte lebendig und allgemein verständlich. Man sollte eine Image-Broschüre auch ohne Theologiestudium lesen und verstehen können. Fragen Sie sich: „Was könnte den Leser interessieren?“ Er steht hier im Mittelpunkt – nicht Sie und Ihr Wissen.

Die Image-Broschüre stellt eine Erstinformation dar, die Appetit auf „mehr“ machen soll.

Entrée

Cover – Seite 1

Inhalt, Impressum – Seite 2

Editorial – Seite 3

Erweiterungsoptionen

Gemeinde-Leben

Gottesdienste – Seite 4, Seite 5

Gemeindegruppen im Überblick – Seite 6, Seite 7

Besondere Veranstaltungen: Konzerte, Seminare, Ausstellungen – Seite 8, Seite 9

Angebote für Familien

Die Seiten für Kinder

Angebote für Senioren

Engagement für Menschen am Rand der Gesellschaft in der eigenen Stadt und in anderen Ländern

Grundsätzliches

Gemeindeprofil, Werte und Inhalte der Gemeindearbeit – Seite 10, Seite 11

Adresse Wegeskizze – Seite 12

Geschichte der Kirche

Künstlerische Gestaltung der Kirche

→ **Gestaltung**
Eine Faustregel besagt, dass das Verhältnis von Text- zu Bildanteil bei etwa 1/3 zu 2/3 liegt. Legen Sie besonderen Wert auf gute, aussagefähige Bilder und einen Blickfang für jede (Doppel-)Seite. Schaffen Sie Möglichkeiten zum Quereinstieg durch Vorspann, Bildunterschriften, Zitate. Beachten Sie das „Design" Ihrer Gemeinde.

Tipp: Beschränken Sie sich in der Auswahl der Schrifttypen. Immer wieder gilt der alte Satz: „Weniger ist mehr."

→ **Weitergabe**
Bringen Sie Ihre Image-Broschüre unter die Leute! Auch wenn Sie etwas gekostet hat, sollten Sie damit großzügig umgehen. Geben Sie die Broschüre weiter durch Prospektständer im Gemeindehaus, bei besonderen Gottesdiensten, persönlichen Besuchen, als Beilage bei Briefen vom Gemeindebüro, am Infostand in der Fußgängerzone.

Tipp: Legen Sie eins der ersten Hefte beiseite und notieren Sie direkt alle Anregungen für die nächste Auflage genauso wie den einzigen Fehler, der leider doch noch übersehen wurde.

Schaffen Sie Möglichkeiten zum Quereinstieg durch Vorspann, Bildunterschriften, Zitate.

7 Internet

Mancherorts wird ein Internetauftritt immer noch als „Luxus" interpretiert. Er erscheint als modernes Werbemittel, auf das man notfalls auch verzichten kann. Zwei Einsichten stehen zu dieser Meinung deutlich im Widerspruch:

Der Image-Transfer

Wenn Sie über eine attraktive Homepage verfügen, wird der Eindruck des Internetauftritts (= das Image) auf Sie als Gemeinde übertragen (= transferiert). Das gilt natürlich auch umgekehrt: Falls Sie über keinen Internetauftritt verfügen, kann dies beim Internetbenutzer den Eindruck erwecken, Sie seien eine rückständige, langweilige Gemeinde. Fehlende Webseiten hinterlassen einen schlechten Eindruck und erzeugen einen ausgesprochen negativen Image-Transfer.

Immer mehr Menschen nutzen das Internet

Statistisch sind es heute noch eher jüngere Menschen, aber die Verhältnisse verändern sich langsam. Das Durchschnittsalter steigt ständig. Zum einen, weil die Menschen mit Computergrundkenntnissen älter werden. Zum anderen, weil die Benutzung des Internets immer einfacher, schneller und bequemer wird und so auch älteren Menschen den Zugang ermöglicht. Als Internetanbieter sollten Sie drei Zielgruppen besonders im Auge haben:

- die religiös Interessierten: Präsentieren Sie sich als Gemeinde, die etwas zu bieten hat. Der Besucher sollte den Eindruck gewinnen: Hier lohnt es sich, vorbeizuschauen;
- die Suchenden: Helfen Sie diesen Menschen, dass sie nicht monatelang nach einer Kirche oder Gemeinde suchen müssen. Stellen Sie sich als eine Gemeinde mit offenen Türen und attraktiven Angeboten dar;
- die eigenen Mitglieder und Freunde: Es gibt immer Momente, wo man kurz und schnell Termine oder Adressen der eigenen Gemeinde einsehen möchte.

Nichts ist schlimmer als eine kirchliche Seite, die große Bilder oder lange Texte zum Besten gibt.

Inhaltliches Konzept

Die Erwartungen an Internetseiten sind hoch. Was sucht ein an Ihrer Gemeinde Interessierter, worüber möchte zum Beispiel ein potenzieller Spender informiert werden? Ihre Internetseiten sollten in drei Bereichen stark sein, damit es sich lohnt, sie im weltweiten Netz zu suchen:

→ grundsätzliche Informationen,
→ ständig aktuelle Termine,
→ Angebote zur Reaktion, zu Service und Dialog.

Die Inhalte des Internetauftritts müssen nicht neu erfunden werden – im Gegenteil! Nutzen Sie die Chancen, in allen werblichen Maßnahmen und Mitteln mit „einer Stimme“ zu sprechen. Wenn Sie bereits eine Imagebroschüre erstellt haben, bedarf es oft nur kleiner redaktioneller Änderungen, um die Inhalte auf die Internetseiten zu übertragen.

Lassen Sie sich bei der Gestaltung ruhig von den großen Informationsportalen der Nachrichtendienste, Tages- oder Wochenzeitungen im Internet inspirieren. Nichts ist schlimmer als eine kirchliche Seite, die große Bilder oder lange Texte zum Besten gibt. Erfahrungsgemäß werden solche Auftritte einfach weggeklickt. Kleine Texte mit kleinen Bildern finden dagegen erhöhte Aufmerksamkeit. Die Gestaltung von Internetseiten folgt den gleichen Prinzipien wie der von Prospekten, Broschüren und Flyern, weil sie von den gleichen Augen gesehen wird – nur dass im Internet vieles wesentlich schlichter, aber flexibler ausfallen muss.

Tipp: Achten Sie auch bei Ihren Webseiten unbedingt auf Ihr individuelles Design. Der Internetauftritt sollte durch Signet, Schriften und Farben eindeutig als Ihr Auftritt wiederzuerkennen sein.

Die „EdenKirche“ im Gespräch:
Sponseren laufen für Kinder
Zahlreiche Gäste kamen zum Start auf den Rathausplatz
Von Karin Merz
Wer hätte das gedacht, dass an solch einem regnerischen Novembertag sich so viele Menschen auf den Weg in die Kirche machen!
Allerdings ist vieles anders in dieser Kirche! Hier kommen offensichtlich gerne Menschen hin, und nicht nur, weil „man eben hingeht“. Wie kommt das?
gen zu verlieren, versichert der Gottesmann. Jedoch wäre Christus selbst nach seiner festen Überzeugung ein den leiblichen Genüssen zugeneigter Mensch gewesen und keineswegs der Ab-
chen Zeitgenossen zu seinen Fehlern stand. Er war Feuer und Flamme für Jesus, wollte sogar für ihn sterben – und bekam es dann mit der Angst zu tun. Eine sehr menschliche Reaktion. Und
SPONSORED BY
Oma + Opa
Oma Mo
Andrea + Bernd
Martina
Lebenshilfe in

8 Pressearbeit

Müsste man zwischen verschiedenen Werbemitteln wählen, so sollte die Pressearbeit auf jeden Fall dabei sein. Unter ihr versteht man das Bemühen, durch redaktionelle Nachrichten in den örtlichen Zeitungen präsent zu sein. Dies geschieht entweder durch die Aufnahme Ihrer verfassten Nachricht oder durch den Besuch eines Pressevertreters, der seinerseits über das Ereignis einen Bericht schreibt.

Pressearbeit kostet zwar Mühe, aber kein Geld.

Die Vorteile der Pressearbeit liegen auf der Hand

→ Pressearbeit kostet zwar Mühe, aber kein Geld. Dieser Vorzug gilt vor allen Dingen gegenüber Anzeigen. Einziger Wermutstropfen: Sie haben bei der Pressearbeit keine Gewähr, dass nach Ihren Vorstellungen berichtet wird.

→ Mit der Pressearbeit erreichen Sie weite Kreise der Bevölkerung. Tageszeitungen und Anzeigenblätter haben immense Auflagen.

→ Die Pressearbeit unterstützt Sie in Ihrem Ziel, Vertrauen zu gewinnen. Denn: Wer regelmäßig und positiv in der Presse „vorkommt“, der ist in der Öffentlichkeit „angekommen“.

Was sind News?

Die mittlerweile klassische Definition des amerikanischen Journalisten John Bogart lautet: „When a dog bites a man, that's not news, but when a man bites a dog, that's news.“ („Wenn ein Hund einen Mann beißt, ist das keine Nachricht. Wenn aber ein Mann einen Hund beißt, dann ist das sehr wohl eine Nachricht.“) Eine Nachricht ist also das, was sich vom Normalen unterscheidet. Neben dieser Grundvoraussetzung gibt es weitere Merkmale, damit Ihre Nachricht von der Presse aufgenommen wird.

Das englische Wort für Nachrichten, „news“, drückt aus, worauf es bei der Berichterstattung ankommt: Es geht um Neuigkeiten. Deshalb sollte man nicht tagelang mit dem Abfassen von Nachrichten warten. Was heute geschieht, sollte spätestens morgen der Presse vorliegen. Für die Ankündigung von Ereignissen gilt Ähnliches: Nicht länger als eine Woche sollte der Termin in der Zukunft liegen. Es ist natürlich auch möglich, eine eigene Aktualität von Nachrichten zu schaffen. Hier stehen dann nicht besondere Ereignisse im Mittelpunkt, sondern Themen, die quasi „in der Luft“ liegen.

Nicht alles, was einen eingefleischten Mitarbeiter der Gemeinde interessiert, ist für die breite Öffentlichkeit von Belang. Berichten Sie über Dinge, die Menschen auch jenseits Ihrer Gemeinde neugierig machen. In der Regel bieten sich dazu an:

- → Einweihungen von Gebäuden,
- → Einführung von Pastoren und leitenden Mitarbeitern,
- → diakonische und missionarische Projekte,
- → Gemeindefeste, Konzerte, Theater etc.,
- → Konfirmationen,
- → interessante Gäste, besondere Trauerfälle, herausragende Hochzeiten oder Jubiläen.

Lesbarkeit

Vermeiden Sie Begriffe, die einen ausgesprochen kirchlichen Klang haben. Ein kirchendistanzierter Leser wird sie vermutlich nicht verstehen. Und ein kritischer Journalist wird sie für seine Zeitung deshalb erst recht ablehnen. Schreiben Sie sachlich und überzeugend. Lernen Sie von anderen Autoren.

Schreiben Sie sachlich und überzeugend. Lernen Sie von anderen Autoren.

Tipps im Umgang mit der Presse

- Bauen Sie persönliche Kontakte auf! Je besser Sie und der Pressevertreter sich kennen, desto höher steigen die Chancen, für Ihre Nachricht berücksichtigt zu werden. Das setzt natürlich auch voraus, dass Sie einen festen Ansprechpartner für die Pressearbeit haben.
- Legen Sie einen Presseverteiler an! Jede Kommune und jede Region verfügt über Tageszeitungen, Stadtteilzeitungen, kostenlose Anzeigenblätter und ggf. auch Wochenzeitungen. Versorgen Sie alle möglichen Presseorgane mit Ihren Nachrichten. Beziehen Sie auch regionale Rundfunksender und Fernsehanstalten mit ein. Und: Informieren Sie sich über städtische Zeitschriften oder Internetauftritte. Ihre Präsenz in diesen Organen trägt langfristig auch hier zur Steigerung Ihrer Bekanntheit bei.
- Laden Sie zu Pressekonferenzen ein! Bei größeren Projekten ist die Durchführung einer Pressekonferenz erwägenswert. Lassen Sie sich von dem Begriff „Pressekonferenz“ nicht abschrecken. Es geht hier um die Vorstellung eines interessanten Ereignisses, das die Möglichkeit von Rückfragen einschließt.

Öffentlichkeitsarbeit planen

Jahres-Budget
Werbung ist für Unternehmen und Organisationen ein wichtiger Baustein in der Investitionsplanung. Es gibt den berühmten Satz von Henry Ford: „Wer aufhört zu werben, um Geld zu sparen, gleicht einem, der die Uhr anhält, um Zeit zu sparen." Viele Kirchen und Gemeinden sind erstaunt, dass es sich „lohnt", an dieser Stelle zu investieren. Aber gerade weil Werbung Geld und Zeit kostet, muss man vorher gut planen, um sich nicht zu übernehmen. Vor allem aber nicht improvisieren. Ungeplante Schnellschüsse, veranlasst von Verantwortlichen einzelner Arbeitsbereiche, reißen am Jahresende viel größere Löcher in den Gemeinde-Etat als das gut geplante „synergetische" Vorgehen. Das gilt für die Werbung und Präsenz in der Öffentlichkeit allgemein genauso wie für die Spendenwerbung im Besonderen. Wichtig: Stimmen Sie Maßnahmen und Aktionen gut mit der gesamten Öffentlichkeitsarbeit Ihrer Kirche oder Gemeinde ab.

Weil Werbung Geld und Zeit kostet, muss man vorher gut planen, um sich nicht zu übernehmen.

Der lange Atem
Rechnen Sie bei Ihrer Planung die „Lebensdauer" der einzelnen Maßnahmen ein. Gerade wenn Sie die Öffentlichkeitsarbeit aufbauen, sind oft viele Investitionen nötig. Aber viele tragen über Jahre: die Entwicklung eines Erscheinungsbildes, die Imagebroschüre, Vordrucke. Wenn Sie regelmäßig „dran"-bleiben, werden Sie nach einigen Monaten oder ein bis zwei Jahren merken, dass die Menschen, die Sie ansprechen, wissen, wer und wo Ihre Gemeinde ist – und ihr Vertrauen schenken.

Machen Sie den Menschen, die Sie erreichen und deren Vertrauen Sie gewinnen möchten, die Freude und lassen Sie sich wiedererkennen und „wiedersehen"!

Tipps für die Ernte

Wie ein Same: Visionen und Ziele

Haben Sie schon einmal gesehen, wie ein kleiner Spross durch den Asphalt bricht? Ähnlich ist es mit einer guten Idee, einer Vision, deren Zeit gekommen ist. Niemand kann sie aufhalten. Aber wer sieht schon einem Samenkorn, einer Idee diese Durchschlagskraft an?

Dazu braucht es eine Vorstellung davon, was daraus werden kann, eine Vision von dem, was sein wird. Je plastischer und lebendiger diese Vorstellung von der Zukunft ist, desto eher kann sie Menschen begeistert motivieren, sich für dieses Ziel zu engagieren.

Je plastischer und lebendiger die Vorstellung von der Zukunft ist, desto eher kann sie Menschen motivieren.

→ Denken Sie dabei nur an berühmte Vorbilder wie Christoph Columbus, der alles daran setzte, um einen neuen Seeweg nach Indien zu finden. Auch das wäre ohne finanzielle Unterstützung nicht möglich gewesen. Ja, er konnte erst starten, als die nötigen Mittel zur Verfügung standen.

→ Denken Sie an Nelson Mandela, der immer davon überzeugt war, aus dem Gefängnis freizukommen und die Apartheid in seinem Land beenden zu können.

→ Denken Sie an Zeitgenossen wie Bono Vox, Sänger der Gruppe „U2“. Seit Jahren engagiert er sich dafür, die Armut in den ärmsten Ländern einzudämmen – dafür setzt er sich auf seinen Konzerten und in vielen Gesprächen mit Menschen aus Politik und Wirtschaft ein.

→ Fallen Ihnen Menschen in Ihrer Umgebung ein, die sich – von einer Vision inspiriert – für ein Ziel einsetzen?

Eine Vision formulieren

Es ist klar: Spenden sammeln ist kein Selbstzweck. Die Einnahmen dienen vielmehr einem Ziel, das den Einsatz lohnt. Die Kunst besteht nun darin, dieses Ziel so zu formulieren, dass es eine Ausstrahlung besitzt. Hier ein paar unglückliche Muster, wie man es besser nicht ausdrücken sollte:

→ Wir brauchen einen ausgeglichenen Haushalt.
→ Wir wollen keine Schulden mehr machen.
→ Wir wollen unsere Einnahmen steigern.
→ Wir brauchen Geld.

Werden diese Gründe jemanden bewegen, etwas zu geben? Wohl eher nicht. Alle diese Beispiele haben gemeinsam, dass sie sich ausschließlich auf das Geld an sich fixieren. Erfolgreiches Fundraising braucht in der Regel aber eine Vision, d.h. ein Leitbild, das deutlich macht, warum es sich lohnt zu geben. Gerade Kirchen und Gemeinden haben hier einen unschätzbaren Vorteil. Schließlich leben sie nicht für sich, sondern stehen in der „Mission" (lateinisch: Sendung) Gottes. Für sie ist klar: Es geht nicht um eine bloße Vermehrung der Finanzen. Es geht um etwas Großes, etwas, das den menschlichen Horizont sprengt.

Deshalb: Formulieren Sie den Zweck und Sinn Ihrer Gemeinde. Das kann sich je nach Ausrichtung und Profil von anderen Kirchen unterscheiden. Auf jeden Fall sollten Sie wissen, warum es Sie gibt, wozu Sie da sind und weshalb Sie – mit gutem Grund – andere Menschen um Geld bitten. Ihre Gedanken dürfen an dieser Stelle durchaus umfassend sein, hilfreich ist allerdings ein prägnanter Satz, der Ihre Vision zusammenfasst. Wie wäre es z.B. mit solchen Aussagen:

→ Wir sind Kirche für andere.
→ Menschen helfen, Gott entdecken.
→ Gott erleben, füreinander da sein.
→ Leben finden.

Wenn Sie diese Vision erklären und auch verständlich kommunizieren, kann sie wie ein kleiner Same sein, der Wurzeln schlägt. Und wenn Menschen von dieser Vision bewegt sind, werden sie später auch gerne etwas dafür geben, dass sie sich erfüllt und aufgeht.

Es geht nicht um eine bloße Vermehrung der Finanzen. Es geht um etwas Großes, etwas, das den menschlichen Horizont sprengt.

Ziele definieren

Neben der großen Vision sollten Sie auch Ihre konkreten Ziele beschreiben können. Nennen Sie die praktischen Umsetzungen Ihrer Vision, z.B. so: Wir wollen ...

→ ... die Anstellung eines eigenen Jugendpastors finanzieren.
→ ... eine zweite Niederlassung unseres Kindergartens ermöglichen.
→ ... unser Gemeindezentrum erweitern.
→ ... einen Dorfbrunnen unserer afrikanischen Patengemeinde bezahlen.

Achten Sie darauf, dass diese Ziele nicht nur „machbar" sind, sondern auch vom Glauben an Gottes Wirken geprägt sind. Ziele sollten immer auch „Glaubensziele" sein.

Fundraising ist nicht ein kurzer Sprint, sondern gleicht dem Marathon.

Faktor Zeit

Geben Sie sich und Ihren Gebern Zeit. Auch der Fußball-Trainer eines Amateur-Clubs kann nicht von heute auf morgen seine Mannschaft in die Bundesliga führen. Setzen Sie sich deshalb Jahresziele mit einem gesamten Horizont von fünf Jahren. Fundraising ist nicht ein kurzer Sprint, sondern gleicht dem Marathon.

Spenden wachsen lassen

Fundraising kann nicht mit mechanischen Bildern erklärt werden, sondern ist ein organischer Prozess. Spendenwerbung kann so wenig „gemacht“ werden, wie wir Leben „machen“ können. Wir können aber die Vorraussetzungen schaffen, damit sich das Leben entfaltet. Eine wichtige Einsicht ist das Wissen um Wachstum. Ziel ist es, möglichst jeden Spender in seinem Prozess des Wachstums zu fördern. Große Spenden und Erbschaften sind keine zufälligen Ereignisse, sondern meistens das Ergebnis einer langjährigen Entwicklung. Die berühmten Ausnahmen bestätigen die Regel.

Tipp: Ermutigen Sie Ihre Spender, mehr und regelmäßiger zu geben. Wer einmal gibt, wird wahrscheinlich auch ein zweites Mal geben und sich irgendwann zum Dauerauftrag bereit erklären. Und: Lassen Sie sich von Wachstumsknoten der Spender nicht demotivieren. Diese Phasen des Wartens gibt es – wie in der Natur auch – und sind in aller Regel nur Übergänge.

Spendenwerbung kann so wenig „gemacht“ werden, wie wir Leben „machen“ können.

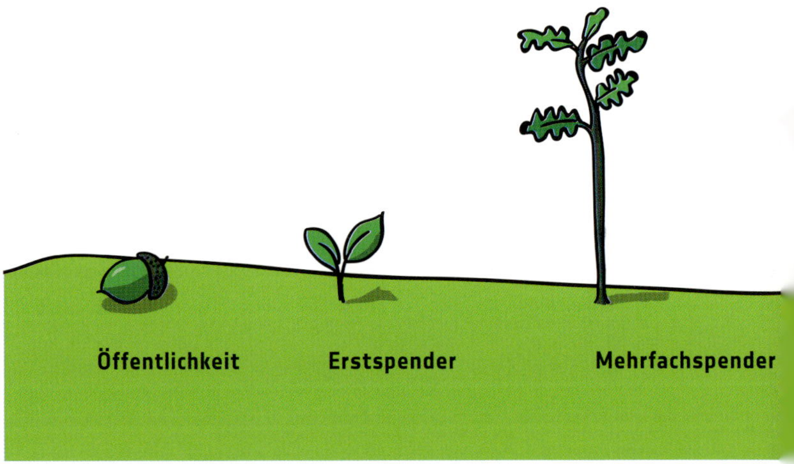

Dauerspender
Großspender
Erbschaftsspender

Dankbarkeit

Natürlicher Ausdruck

Dankbarkeit zeigen ist ein wesentlicher Teil des Fundraisings. Ohne Dank ist Spendenwerbung schlechterdings nicht vorstellbar. Warum? Zum einen ist es ein echter Ausdruck der Freude. Wenn man ein Geschenk erhält, freut man sich und äußert seine Dankbarkeit. Wer erlebt, wie Menschen ihre Gemeinde regelmäßig unterstützen, muss schon ein Stein sein, um nicht bewegt zu werden. Dankbarkeit ist also ein natürlicher Ausdruck des Lebens. Dankbarkeit ist aber auch ein Weg, die Beziehung zwischen Spender und Gemeinde zu vertiefen. Fundraiser sprechen an dieser Stelle von „Spenderbindung“. Denn wer als Spender echte Dankbarkeit erfährt, wird auch bewegt. Die Chancen stehen gut, dass nach einer Spende eine zweite folgt, dass aus einem Einzelspender ein Dauerspender wird. Es gibt kein stärkeres Mittel, Ihre Spender zu fördern, als Danke zu sagen. Deshalb: Dankbarkeit ist so wichtig, dass sie nicht dem Zufall überlassen werden darf.

Zögerlich?

Trotzdem scheint es, dass sich viele Gemeinden mit der Dankbarkeit schwertun. Es ist einfach schade, wenn am Jahresende nach zwölf Monaten Dauerspenden nicht mehr als eine Zuwendungsbestätigung möglich ist. Und es ernüchtert ungemein, wenn nach einer Großspende keinerlei Reaktion seitens der Gemeindeleitung erfolgt. Vielleicht tun sich gerade Christen mit der Dankbarkeit so schwer, weil sie meinen, jede Art von Spende müsse voraussetzungslos und ohne Lohn geschehen. Das stimmt ja auch. Dankbarkeit im Sinne eines Hofierens und Belohnens hat keinen Platz im christlichen Raum. Aber wenn der Dank als natürlicher Ausdruck der Freude verstanden wird, darf er niemals fehlen.

Es gibt kein stärkeres Mittel, ihre Spender zu fördern, als Danke zu sagen.

Systematisch

Bemühen Sie sich deshalb um ein geordnetes Dank-Management. Legen Sie intern fest, wie Sie wem auf welche Weise danken wollen. Je nach Größe der Gemeinde und Menge der Spender kann das natürlich sehr unterschiedlich aussehen.

→ Ein erster Schritt könnte sein, dass Sie ganz bewusst in jedem Gottesdienst für die Kollekte danken.
→ Bringen Sie in jeder Gemeindeversammlung den Dank deutlich zum Ausdruck.
→ Alle Spender, ob Einzel- oder Dauerspender, erhalten am Ende des Jahres neben der Zuwendungsbestätigung einen Dankesbrief.
→ Wenn Sie die Kapazitäten besitzen, sollten Sie Erstspendern ebenfalls zeitnah ein Dankesschreiben zukommen lassen. Wenn die Person nicht im Gemeindeleben verankert ist, fügen Sie der Post Ihren Gemeindebrief oder einen Prospekt bei.
→ Großspender erhalten möglichst zeitnah einen persönlichen Dank, sei es durch ein Telefonat oder einen persönlichen Besuch. Bringen Sie dann ein Buch, eine Karte oder einen Blumenstrauß mit.

Öffentlichkeit
Kommunen, Länder, Bund, EU
Stiftungen, Service-Clubs, Gesellschafter
Unternehmen, Firmen, Geschäftsführer
Angehörige, ehemalige Besucher und Mitglieder
Mitglieder, Gottesdienst-besucher
Mitarbeiter, Leiter

Adressen finden

An wen wenden Sie sich zuerst? Natürlich an die eigenen Leute. Angestellte, ehrenamtliche Mitarbeiter, Mitglieder und Besucher Ihrer Gemeinde gehören zur Premium-Auswahl Ihrer möglichen Spenden. Darüber hinaus gibt es Menschen, die schon einmal in Kontakt zu Ihnen standen. Wer weiß, vielleicht lassen sich diese Adressen ja reaktivieren? Und dann gibt es die große Menge der Einrichtungen und Firmen, zu denen Sie einen Bezug herstellen können. Manchmal liegt schon ein Geschäfts- oder Briefkontakt vor, manchmal verbindet Sie nur die Tatsache, dass

Angestellte, ehrenamtliche Mitarbeiter, Mitglieder und Besucher Ihrer Gemeinde gehören zur Premium-Auswahl Ihrer möglichen Spenden.

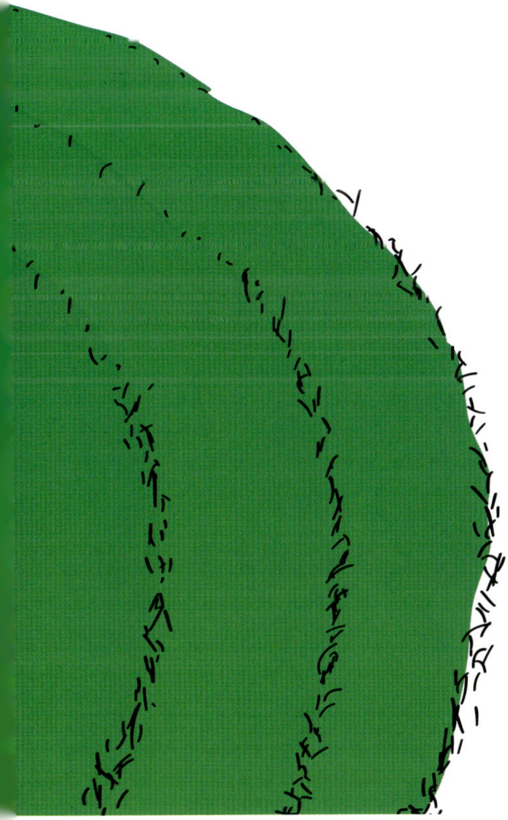

R
P
K
J
I
H
G
F
E
D
C
B
A

Sie im selben Ort wohnen. Je enger die Beziehung zwischen Ihnen und der beschriebenen Zielgruppe ist, desto größer ist die Chance zur Spende. Den Kontakt sollten Sie aber grundsätzlich zu allen Gruppen aufnehmen.

Tipp: Sammeln Sie die Adressen der genannten Gruppen, die mit Ihnen in Kontakt stehen. Gute Adressen sind Gold wert. Im professionellen Fundraising unterscheidet man zwischen „kalten Adressen" (mögliche Spender), „warmen Adressen" (einmalige Spender) und „heißen Adressen" (mehrfache Spender).

Die Adressen Ihrer eigenen Gemeinde liegen sicher vor. Ergänzen Sie diese im Zweifelsfall durch Durchsicht weiterer Anschriftenlisten. Um die Adressen der Ringe 4, 5 und 6 zu erfassen, lohnt sich die Durchsicht von

→ Branchenverzeichnissen,
→ Stiftungsverzeichnissen,
→ Listen der städtischen Service-Clubs (Rotarier, Lions-Clubs etc.),
→ städtischen Anschriftenverzeichnissen.

Wer kennt jemanden, der für eine Spende in Frage käme?

Die allermeisten Daten sind im Internet erhältlich. Ausgesprochen einfach, aber sehr effektiv ist die Umfrage unter Ihren eigenen Mitarbeitern: Wer kennt jemanden, der für eine Spende in Frage käme? Sie werden sich wundern, wie viele wertvolle Ideen hier entstehen. Hören Sie sich ebenso unter benachbarten Kirchen und Gemeinden um. Sie sollten nicht meinen, das Rad neu erfinden zu müssen. Greifen Sie auf das Know-how anderer zurück. Im persönlichen Gespräch wird man Ihnen ggf. auch großzügige Einzelpersonen oder Institutionen nennen, von denen Sie Unterstützung erwarten können.

Sie können aber auch versuchen, ganz neue Adressen zu gewinnen, z.B. mittels einer Verlosung bzw. eines Gewinnspiels. Schreiben Sie Preise aus und sammeln Sie die Adressen der eingehenden Absender. Eine teure Variante ist das Kaufen oder Mieten von Adressen, was aber wirklich gut durchdacht sein muss.

Fundraising und Friendraising

Mehr als Geld

Man spricht nicht gerne darüber. Aber eine reale Gefahr des Fundraisings ist es, die Spender nur noch unter dem Gesichtspunkt des Geldes zu betrachten: Wer kann wie viel geben? Wie können wir unsere Spender ermutigen, noch mehr als bisher zu

geben? Deshalb Vorsicht: Christlich geprägtes Fundraising will nicht nur Hände, sondern Herzen öffnen (siehe Seite 114). Es darf nicht nur darum gehen, die Einnahmen zu steigern, sondern die Menschen für das Anliegen der Sache zu gewinnen. Fundraising ist darum Beziehungsarbeit; das Ziel ist es, Freunde zu gewinnen (englisch: Friendraising).

Offenheit

Wer Freundschaften sucht und vertiefen möchte, wird sich anders verhalten als jemand, der nur sein Geschäft abschließen will. Er wird sich um Informationen und Ehrlichkeit bemühen, wird Dankbarkeit zeigen und gemeinsam überlegen, welche Projekte in der Zukunft möglich sind. Darum tun Sie alles, um transparent zu sein. Halten Sie Ihre Spender auf dem Laufenden:

- → Sprechen Sie in Gemeindeversammlungen über den Stand der Finanzen. Betreiben Sie keine Geheimniskrämerei, sondern öffnen Sie die Bücher.
- → Erstellen Sie zum Jahresende einen ordentlichen und verständlichen Haushaltsbericht. Schreiben Sie so, dass auch diejenigen den Inhalt verstehen, die zufällig keine Bankkaufleute sind.
- → Berichten Sie regelmäßig in Gemeindebriefen und anderswo über den Fortgang Ihrer Projekte. Sprechen Sie über Erfolge, verschweigen Sie die Hindernisse nicht.
- → Halten Sie sich immer vor Augen: Unsere Spender sind unsere Freunde. Mit ihnen gemeinsam wollen wir etwas bewegen.

Christlich geprägtes Fundraising will nicht nur Hände, sondern Herzen öffnen.

Persönlich punktet

Ist es nicht so? Je persönlicher wir in Freundschaften werden, desto wertvoller werden sie. Dasselbe gilt im übertragenen Sinne auch für das Fundraising. Je mehr Vertrauen und Freundschaft wachsen, desto eher sind Menschen auch bereit zu geben. Diese Erfahrung unterstreicht die Verantwortung, die die leitenden Mitarbeiter der Gemeinde besitzen. „People give to people", d.h. die Menschen spenden weniger den Kirchen und Gemeinden an sich ihr Geld, sondern eher den Menschen, die sich für die Gemeinden und Kirchen einsetzen. Das mag beim ersten Lesen erschrecken, aber es zeigt auch die enormen Möglichkeiten auf. Wo Gemeinden vielleicht keine großen Budgets für Werbung und Fundraising besitzen, verfügen sie im Idealfall doch über die Ressource des Vertrauens. Und eben diese freundschaftliche Dimension ist mehr wert als jeder Hochglanzprospekt.

Fun(d)raising

Christliches Fundraising darf niemals die Dimension der Freude verlieren und zu einem Geschäft mit dem schlechten Gewissen verkümmern.

Freude
Paulus schreibt einmal: „Einen fröhlichen Geber hat Gott lieb“ (2. Korinther 9,7; Luther). Die Wirklichkeit ist leider oft eine andere. Vielen Menschen scheint das Geben wenig Freude zu machen. Sie spenden aus einem schlechten Gewissen heraus, um sich besser zu fühlen oder um bei Menschen oder Gott besser dazustehen. Und auch manchen Spendenwerken merkt man nur wenig Fröhlichkeit an. Emotionen werden hoch gepeitscht, Tränendrüsen werden gedrückt, kein Taschentuch bleibt trocken. Ein Ideal ist das auf Dauer nicht. Christliches Fundraising darf niemals die Dimension der Freude verlieren und zu einem Geschäft mit dem schlechten Gewissen verkümmern. Es sollte vielmehr etwas von der Freude und der Heiterkeit des Himmels widerspiegeln. Und die öffnet dann auch Herzen und Hände. Es ist eine allgemeine Erfahrung: Wer schmunzeln oder lachen darf, der trennt sich auch leichter von seinem Geld. Deshalb: Fröhliche Geber brauchen fröhliche Sammler. Gute Fundraiser sind auch immer Funraiser (englisch: Freudenstifter).

Vorbilder
Die Kirchengeschichte kennt einige Spendensammler, denen es mit Witz und Humor gelang, ihre Zuhörer zum Spenden zu animieren. Vom englischen Baptistenprediger Charles Haddon Spurgeon (1834–1892) wird erzählt, er habe eines Tages im kleinen Kreis vor recht begüterten Menschen eine Ansprache gehalten. Anschließend habe er seinen eigenen Hut genommen und die Gäste um eine Spende gebeten. Die waren jedoch seine unaufhörlichen Spendenaufrufe leid und wollten ihn einmal ärgern – sie ließen den Hut leer zurückgehen. Spurgeon nahm ihn in Empfang, schaute verdutzt hinein, fing sich aber schnell wieder und sprach dann in seinem Dankgebet laut: „Lieber Gott, ich danke dir, dass mir diese Menschen wenigstens meinen alten Hut zurückgegeben haben.“ Danach kam dann wohl doch noch eine stattliche Summe zusammen.

Ein weiteres Vorbild ist sicher auch Friedrich von Bodelschwingh (1831–1910), der Gründer der Betheler Anstalten. Viele Anekdoten ranken sich um sein Bemühen, Gelder für seine Einrichtungen zu gewinnen. Einmal beschwerten sich Zuhörer bei ihm wegen seiner ständigen Aufrufe. Worauf er mit einem Augenzwinkern antwortete: „Ihr werdet mir im Himmel noch danken, dass ich euch das Geld abgenommen habe.“

Für den Anfang

Ein erster Schritt: Am besten sammeln Sie einfach einige gute Witze, auf die Sie bei passender Gelegenheit zurückgreifen können. Sicher: Witze erzählen ist eine Kunst. Sie sollten flüssig und ohne Stocken vorgetragen werden. Sie müssen auch in unserem Fall immer in einer dienenden Rolle stehen, dürfen also nicht zum Mittelpunkt mutieren, sondern sollen zur Spende führen. Sie sind Sprungbretter, mit deren Hilfe Sie zu Ihren eigentlichen Anliegen gelangen können. Und: Hüten Sie sich vor Kalauern, also solchen Witzen, die jeder kennt. Sie werden sonst nur Langeweile und verdrehte Augen, aber keine heitere Großzügigkeit ernten.

Ein paar Kostproben:

Zum Thema „Ehrlichkeit beim Geld"

Vor der Himmelstür steht ein Handwerker und fragt Petrus: „Warum musste ich so früh sterben? Ich bin doch erst 37 Jahre!" Petrus schaut in seinem Buch nach und sagt: „Nach den Stunden, die du den Kunden berechnet hast, bist du schon 93!"

Zum Thema „Vergänglichkeit des Geldes"

Ein Aktienbesitzer fragt seinen Anlageberater: „Ist denn jetzt wirklich all mein Geld weg?" „Aber nein", antwortet der. „Das ist doch nicht weg. Es gehört jetzt nur jemand anderem!"

Zum Thema Spendermotivation

Ein reicher Unternehmer fragt den Pastor: „Glauben Sie, dass ich in den Himmel komme, wenn ich der Kirche 25.000 Euro spende?" „Das kann ich Ihnen nicht so genau sagen", antwortet der Pastor." „Aber an Ihrer Stelle würde ich es schon mal probieren."

Zum Thema Spendenverhalten

Nach der Einführung des Euros, kommen alle D-Mark-Münzen und -Scheine in den Himmel. Petrus entscheidet nun, wer hinein darf und wer nicht. Großzügig winkt er die Pfennige und Markstücke herein. Auch die Zwei- und Fünfmarkstücke dürfen hineinkommen. Auch die Zehnmarkscheine gehören dazu, auch ein paar Zwanzigernoten sind dabei. Plötzlich sieht der Apostel aber die Fünfziger und Hundertscheine herbeiströmen und macht eine abwehrende Geste: „Halt, halt", ruft er. „Ihr wart euer Leben lang nie in der Kirche, ihr könnt hier leider nicht hinein!"

Witze sind Sprungbretter, mit deren Hilfe Sie zu Ihren eigentlichen Anliegen gelangen können.

Zum Thema Reden über Geld

Ein Gespräch zwischen zwei Freunden: „Ich frage Dich das letzte Mal", dringt der erste. „Wann gibst Du mir mein Geld zurück?" „Oh", antwortet der andere, „ein Glück, das Fragen hatte mich auch echt schon genervt."

Zum Thema Geldanlage

Ein Gespräch in einer Bank: „Wie soll ich nur meine Gewinne investieren?", fragt der Kunde. „Legen Sie ihr Geld doch in Schnaps an", meint der Berater genervt. „Wo sonst gibt es vierzig Prozent."

Zum Thema „Kollekte“

Der Polizist beendet seine Ausbildung mit einer mündlichen Prüfung. „Wie zerstreut man eine Volksmenge?“, wird er gefragt. Der Anwärter auf den Staatsdienst überlegt kurz und sagt dann: „Man nimmt die Mütze ab und sammelt.“

Zum Thema „Sparsamkeit“

Am Samstagabend fragt ein Gemeindeältester seinen Pastor, worüber er denn predigen werde. „Über den Wert der Sparsamkeit“, antwortet der. „Oh“, sagt da der Älteste, „dann wollen wir diesmal die Kollekte lieber vor der Predigt einsammeln.“

Zum Thema „Dummheit im Umgang mit Geld“

Zwei Männer sitzen sich im Zug gegenüber. Der eine isst Apfelkerne. Da fragt der andere: „Warum essen Sie denn Apfelkerne?“ – „Das macht intelligent.“ – „Darf ich auch welche haben?“ – „Ja, für fünf Euro.“ Er bezahlt fünf Euro, erhält die Kerne und beginnt sie zu essen. Dann murmelt er kauend: „Eigentlich hätte ich mir für fünf Euro ja eine ganze Tüte Äpfel kaufen können!“ Entgegnet der andere: „Sehen Sie, es wirkt schon!“

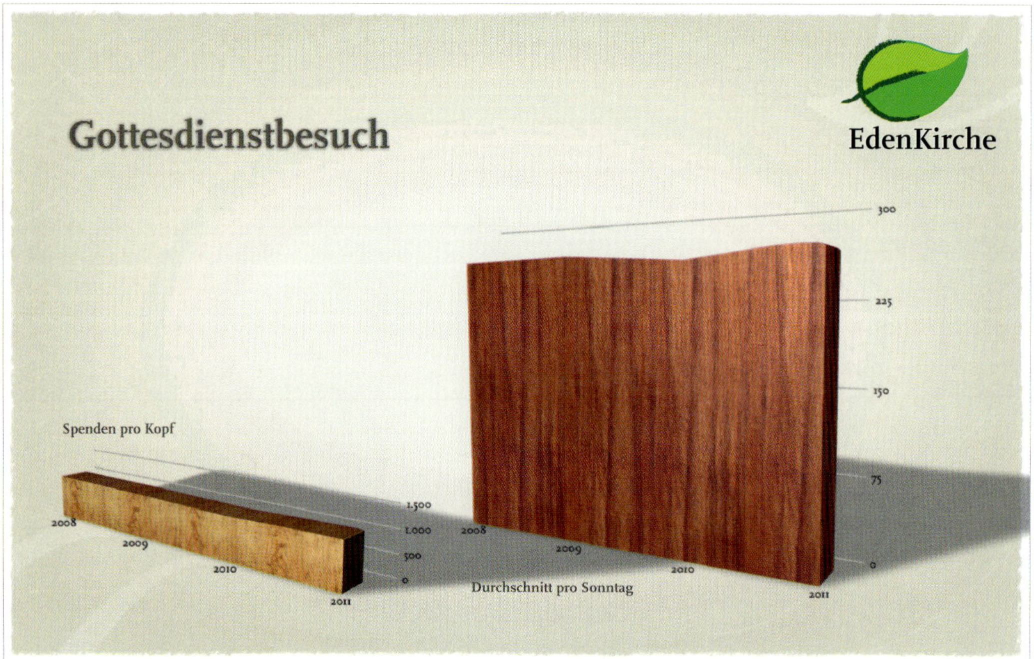
Gottesdienstbesuch
EdenKirche
Spenden pro Kopf
2008
2009
2010
2011
1.500
1.000
500
0
Durchschnitt pro Sonntag
300
225
150
75
0

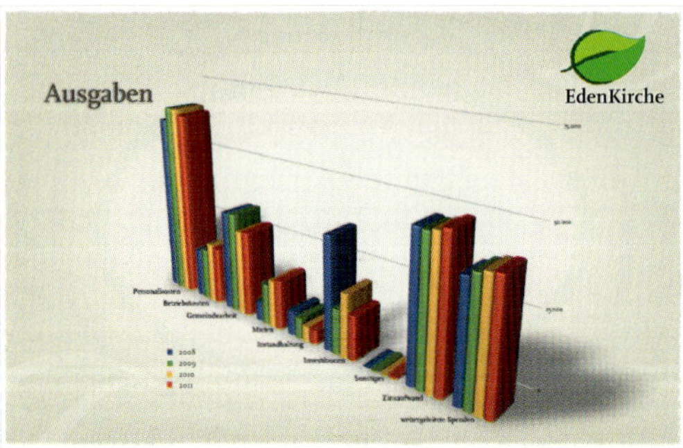
Ausgaben
EdenKirche
2008
2009
2010
2011

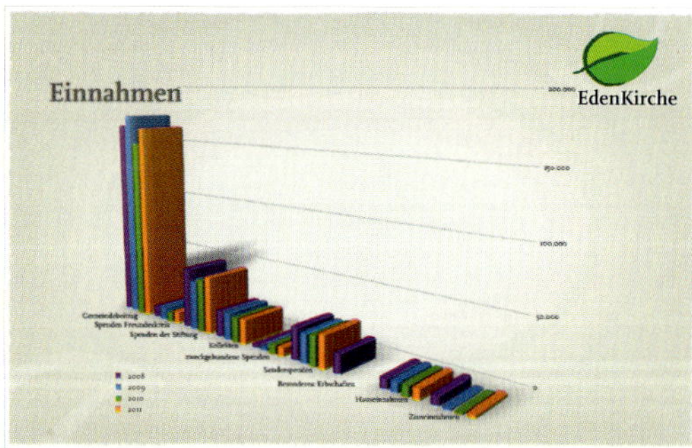
Einnahmen
EdenKirche
2008
2009
2010
2011

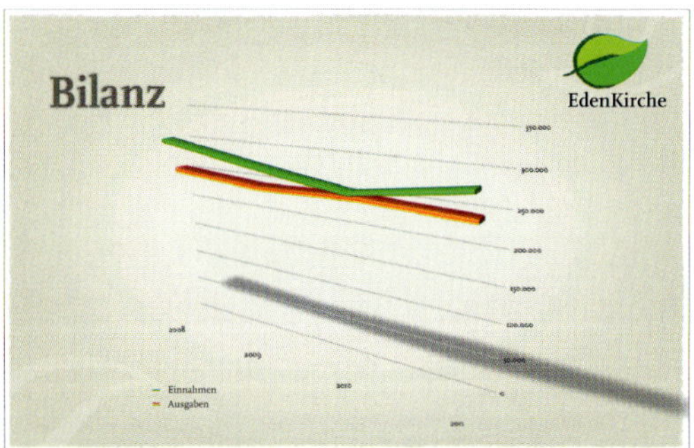
Bilanz
EdenKirche
Einnahmen
Ausgaben

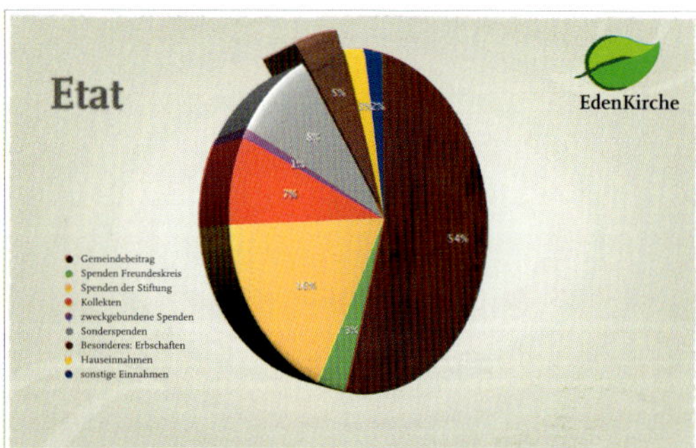
Etat
EdenKirche
Gemeindebeitrag
Spenden Freundeskreis
Spenden der Stiftung
Kollekten
zweckgebundene Spenden
Sonderspenden
Besonderes: Erbschaften
Hauseinnahmen
sonstige Einnahmen
5%
8%
1%
7%
54%
3%

Finanzen veranschaulichen

Nur Hieroglyphen?
Wer um Spenden bittet, sollte in der Lage sein zu sagen, wofür und warum er sie benötigt. Und er sollte es so vermitteln, dass sein Gegenüber es auch versteht. Das ist keine Selbstverständlichkeit. Wer kennt nicht die Momente, wo in Gemeinden der Haushaltsplan für das kommende Jahr vorgestellt wird? Allzu oft werden hier nur Zahlensalate präsentiert, die beim Zuhörer den Eindruck hinterlassen, hier handele es sich wohl um eine kryptische Geheimsprache. Das Gegenteil sollte aber der Fall sein. Wer sich hier ein bisschen Mühe macht, kann finanztechnische Sachverhalte so darstellen, dass es eine Lust ist, sie nachzuvollziehen. Denn nur wer einigermaßen versteht, wie es um die Finanzen bestellt ist, wird auf Dauer auch bereit sein zu geben.

Medien
Mit einer bloßen Aneinanderreihung von Texten und Zahlen überfordern Sie die meisten Menschen. Verwandeln Sie deshalb die Zahlen in Grafiken. So werden abstrakte Daten in eine leicht erfassbare Form gegossen. Die Sachverhalte werden plastisch vor Augen geführt und ermöglichen eine bessere Übersichtlichkeit. Man kann quasi optisch mitdenken. Dabei können Einnahmen und Ausgaben farbig hervorgehoben werden. Sie können wählen zwischen Tafel, Flipchart, Pinnwand, Tageslichtprojektor oder PC und Videobeamer.

Verwandeln Sie Zahlen in Grafiken. So werden abstrakte Daten in eine leicht erfassbare Form gegossen.

Beziehungen
Benennen Sie konkret, für welche Posten wie viel aufgebracht werden muss. Sagen Sie, wie viel es durchschnittlich kostet,

→ einen Quadratmeter des neuen Gemeindehauses zu erstellen,
→ eine normale Operation Ihres Missions-Krankenhauses durchzuführen,
→ einen neuen Stuhl für den Kindergarten anzuschaffen,
→ das Gemeindehaus im Winter zu beheizen.

Und: Setzen Sie diese Zahlen in Beziehung. Erklären Sie, welchen Aufwand die neue Anschaffung für jedes Gemeindemitglied kosten könnte. Sagen Sie, wie viel man in einem Monat aufbringen muss, um das jeweilige Projekt zu finanzieren. So brechen Sie große Summen zu kleinen Beträgen hinunter. Große Summen verlieren ihren Schrecken. Und dem einzelnen Spender wird deutlich, was er mit seinen wenigen Mitteln zu tun vermag.

If it is God's will,

it is God's bill.

If it is God's vision,

He will bring

the provision.

(Aus dem Amerikanischen: Wenn es Gottes Wille ist, geht es auch auf seine Rechnung. Wenn es Gottes Vision ist, dann wird er auch versorgen.)

Steuern: ja, aber ...

Als gemeinnützige Organisationen sind Kirchen und Gemeinden in aller Regel von der Steuer befreit. Dazu zählen insbesondere die Grund-, Gewerbe- oder Körperschaftssteuer. Doch keine Regel ohne Ausnahmen! Aus steuerlicher Sicht werden bei gemeinnützigen Einrichtigen vier Geschäftsbereiche unterschieden:

→ Ideeller Bereich (steuerfrei)
→ Vermögensverwaltung (steuerfrei)
→ Zweckbetrieb (steuerbegünstigt)
→ Wirtschaftlicher Geschäftsbetrieb (steuerpflichtig).

Der ideelle Bereich
Als ideellen Bereich benennt man die Aktivitäten, die dem Hauptzweck der gemeinnützigen Einrichtung dienen. Die Einnahmen aus diesem Bereich sind grundsätzlich steuerfrei. Typischerweise gehören dazu:

→ Mitgliedsbeiträge und Aufnahmegebühren,
→ Spenden, Schenkungen, Erbschaften und Vermächtnisse,
→ Zuschüsse von Bund, Land und Gemeinde oder anderen öffentlichen Körperschaften.

Die Vermögensverwaltung
Unterhält ein regulärer Verein Vermögen, verfügt er also über Wertpapiere, Sparguthaben oder vermietet er eigenen Grundbesitz, so sind die Erträge steuerpflichtig. Anders ist es bei gemeinnützigen Organisationen. Bei ihnen bleiben diese Einnahmen steuerfrei. Dazu zählen:

- → Erträge aus Kapitalvermögen,
- → Wertpapiererträge,
- → Einnahmen aus Vermietung und Verpachtung.

In der Praxis ist es allerdings nicht immer so einfach, die reine Vermögensverwaltung von wirtschaftlichen Tätigkeiten abzugrenzen. Im Zweifelsfalle ist es ratsam, die Hilfe eines Steuerberaters einzuholen.

Der Zweckbetrieb

Eine gemeinnützige Organisation darf auch wirtschaftliche Aktivitäten ausüben, ohne dass eine Steuerpflicht anfiele. Voraussetzung ist u.a. allerdings, dass diese Tätigkeiten ausschließlich dem Satzungszweck dienen und man nicht in einen Wettbewerb mit anderen Unternehmen tritt. Zu solchen Einnahmen werden gerechnet:

- → Erträge aus Tombolas,
- → Eintrittskarten bei Theatervorführungen, Ausstellungen und Konzerten,
- → Gebühren für Seminare und Kurse,
- → Startgelder bei Wettkämpfen

Achtung! Teilweise gilt hier die Grenze für den steuerfreien Zweckbetrieb von 35.000 Euro. Übersteigen die Einnahmen diese Summe, fallen Körperschafts- und Gewerbesteuer an.

Der wirtschaftliche Geschäftsbetrieb

Alle Einnahmen, die nicht zu dem ideellen Bereich, der Vermögensverwaltung oder dem Zweckbetrieb gehören, sind steuerpflichtig. An dieser Stelle ist es egal, ob Gewinne getätigt werden, entscheidend ist, dass Einnahmen erzielt werden. Wirtschaftliche Geschäftsbetriebe sind beispielsweise:

- → Verkaufsveranstaltungen wie Flohmärkte oder Basare,
- → Verkauf von Speisen und Getränken,
- → Verkauf von Merchandising-Artikeln,
- → teilweise Sponsoring-Erlöse,
- → Eintrittsgelder für öffentliche Festveranstaltungen,
- → Erlöse von Altmaterialien.

Auch hier hat der Gesetzgeber eine Besteuerungsgrenze von 35.000 Euro festgesetzt. Einnahmen unter dieser Grenze sind steuerfrei.

Doch Vorsicht! Die Übersicht an dieser Stelle ist sehr allgemein. Das Thema Steuern kann hier nur angeschnitten werden. Es empfiehlt sich immer, in allen Fragen Kontakt mit dem zuständigen Finanzamt oder einem kompetenten Fachmann aufzunehmen.

Alle Einnahmen, die nicht zu dem ideellen Bereich, der Vermögensverwaltung oder dem Zweckbetrieb gehören, sind steuerpflichtig.

EdenKirche
Zum Paradies 12
98765 Gartenstadt

Telefon 0100/23 45-67 · Fax -68
mail@EdenKirche.de
www.EdenKirche.de

Pastor: Adam S. Apfel
pastor@EdenKirche.de

EdenKirche Zum Paradies 12 98765 Gartenstadt

Druckhaus Musterstadt
Frau Brigitte Plate
Gutenbergstraße 2
98765 Gartenstadt

31. April 2099

Druckanfrage

Sehr geehrte Frau Plate,
bitte senden Sie mir ein schriftliches Angebot über

Objekt:	Spendenprospekt
Format:	DIN lang (10,5 x 21 cm)
Umfang:	4 Seiten
Auflage:	500 Stück, alternativ 1.000 und 2.000
Farbe:	4/4-farbig (Euroskala)
Papier:	135 g/m² Galaxi (oder vergleichbar)
Verarbeitung:	gefalzt
Vorlage:	alle Seiten als PDF auf CD (Indesign 3.3)
Liefertermin:	15. Mai 2099
Lieferanschrift:	Weidenbach, Schmaler Weg 7 (Bitte vorher anrufen, damit jemand da ist.)

Für Rückfragen stehe ich gerne zur Verfügung.

Mit freundlichem Gruß

A. Apfel

Verträge schließen

Schriftlich ist besser als mündlich

Die Vereinbarung „per Handschlag" ist möglich, aber nicht empfehlenswert. Bei allen Aufträgen sollte unbedingt ein schriftlicher Vertrag abgeschlossen werden. Das geschieht oftmals so, dass das schriftliche Angebot des Anbieters mit Ihrer Unterschrift als Kunde abgezeichnet wird. Bewahren Sie diese Schriftstücke unbedingt auf. Es hilft Ihnen vor allen Dingen dann, wenn Sie den Eindruck haben, dass das gelieferte Produkt fehlerhaft oder die abschließende Rechnung überteuert ist. Im Zweifelsfall sollten Sie sich auch über die Geschäftsbedingungen des Anbieters erkundigen.

Bei allen Aufträgen sollte unbedingt ein schriftlicher Vertrag abgeschlossen werden.

Achtung: Nutzungsrecht

Ein Wesensmerkmal künstlerischer Kreativität ist das Nutzungsrecht. Kreative leben davon, dass sie ihren Kunden die Nutzung ihrer Ideen und Entwürfe gegen Honorar ermöglichen. Dies wird sogar vom Finanzamt als ein Kennzeichen künstlerischer Tätigkeit auf der Honorarrechnung erwartet. Es gibt zwei unterschiedliche Kategorien:

1. Das „einfache Nutzungsrecht" räumt lediglich eine zeitlich und räumlich begrenzte Nutzung ein. Es ist sinnvoll für Kampagnen, Prospekte, Anzeigen etc.

2. Das „uneingeschränkte Nutzungsrecht" dagegen ermöglicht die weltweite und zeitlich unbegrenzte Nutzung. Dies ist sinnvoll für Signets und Erscheinungsbilder.

In jedem Fall bleiben Kreative immer Urheber. Das heißt konkret: Es ist in keinem Fall gestattet, das geschaffene Projekt selbst zu verändern oder durch andere „nachbauen" zu lassen. Denn damit machen Sie sich strafbar.

Abdruckrechte

Das Urheberrecht schützt auch den Fotografen oder Illustrator. Egal welches Bild Sie verwenden, klären Sie vorher – am besten schriftlich –, ob und zu welchen Bedingungen das möglich ist.

Das Recht am eigenen Bild

Ähnlich verhält es sich bei Fotografien von Personen. Fotografen wissen, dass Sie bei Aufnahmen die Einwilligung der abgebildeten Person brauchen. Dazu reicht eine formlose Erklärung, in der die Person (bei Minderjährigen die Eltern) ihr Einverständnis erklärt. Ausnahmen sind öffentliche Situationen und Personen.

1/1 Seite angeschnitten

1/1 Seite Satzspiegel

3/4 Seite hoch

1/2 Seite hoch

1/2 Seite quer

**1/4 Seite hoch,
1- und 2-spaltig**

1/8, 1/16 Seite

1/4 Seite quer

1/8 Seite quer

Anzeigen

Bevor Sie Anzeigen „schalten“ – so heißt das in der Fachsprache –, sollten Sie die Media-Daten anfordern. Hier stehen alle wichtigen Eckdaten drin – sowohl die Kosten als auch die richtigen Maße. Erkundigen Sie sich auch nach Vergünstigungen, falls Sie über einen längeren Zeitraum Anzeigen setzen lassen wollen.

TZ-Anzeigen
Anzeigen in Tageszeitungen (TZ) werden in aller Regel in Millimetern angegeben und berechnet. Da die Spaltenbreite normalerweise etwa 45 mm beträgt, bedeutet „2-spaltig 100“, die Anzeige ist 92 mm breit und 100 mm hoch. TZ-Anzeigen sind normalerweise nur einfarbig. Durch Zusatzfarben (Achtung: auch Zusatzkosten) können Sie Ihre Anzeige zusätzlich attraktiv machen.

Anzeigen in Stadtmagazinen und Zeitschriften
Wenn es sich um Publikationen im DIN-A4-Format handelt, können Sie normalerweise nur feste Anzeigengrößen buchen. Von der ganzen Seite oder sogar der Doppelseite bis zur 16tel-Seite.

Beachten Sie: Je kleiner Ihre Anzeige wird, desto wahrscheinlicher landet sie im „Anzeigen-Friedhof“. Das ist die Bezeichnung für die Seiten, auf denen nur Anzeigen zu finden sind, und die daher häufig überblättert werden. Wenn eben möglich, sollte Ihre Anzeige im redaktionellen Teil erscheinen. Gut ist es auch, bei Vertragsabschluss die Platzierung festzulegen. Rechte Seiten werden stärker beachtet. Deshalb sind diese Seiten besonders attraktiv. Berücksichtigen Sie, ob die Anzeige im Satzspiegel bleibt oder bis an den Rand gehen darf. Im letzten Fall müssen Sie die Vorlage inkl. Beschnitt (3 mm) anlegen.

Frei-Anzeigen
Bevor Sie jedoch dazu übergehen, große Summen für Anzeigen auszugeben, sollten Sie es erst einmal mit Frei-Anzeigen versuchen. Manche Verlage bieten ausgewählten gemeinnützigen Organisationen die Möglichkeit, unangenehme Lücken mit ihren Anzeigen zu füllen. Also der Tipp: Verschicken Sie Ihre fertig gestalteten Anzeigen an die entsprechenden Zeitungen mit der Bitte um einen kostenlosen Abdruck. Schildern Sie Ihre Anliegen und das Projekt. Sollten Sie gar die entsprechenden Redakteure oder Anzeigenleiter persönlich kennen, ist das eine große Chance.

Verschicken Sie Ihre fertig gestalteten Anzeigen an die entsprechenden Zeitungen mit der Bitte um einen kostenlosen Abdruck.

	Feiertage	Schulferien	■ Themen-Gottesdienste	Benefiz-Veranstaltung	inhaltliche Impulse: ■ Gemeinde-Versammlung ■ Gemeinde-Seminar „Geld und Glaube“ ■ Predigt-Reihe „Geld und Gott“	Spendenbrief	Sonderaktionen	Gemeindebrief
Januar	Neujahr	■						12/1
		■			■			
			■					Ausgabe 2/3
Februar								
					■			
	Karneval					■		
März			■					
					■			
April		■					■	Ausgabe 4/5
	Ostern	■	■					
		■						
Mai	Maitag							
	Muttertag		■					
	Himmelfahrt							
	Pfingsten					■		Ausgabe 6/7
Juni								
	Fronleichnam			Gemeindefest				
					■			
Juli							■	
			■					Ausgabe 8/9
		■						
		■						
August		■						
		■						
		■						
		■		Sponsorenlauf				
September					■			
					■			
			■		■			
					■			Ausgabe 10/11
Oktober	Dt. Einheit	■		„Offene Tür“				
		■						
					■			
	Reformation							
November	Allerheiligen							
	1. Advent		■			■		Ausgabe 12/1
Dezember	2. Advent							
	3. Advent						■	
	4. Advent	■						
	Weihnachten	■	■					

Weitsichtig planen

Erste Schritte
Für die Planung von Fundraising und Öffentlichkeitsarbeit brauchen Sie eine gute Übersicht. Hier bietet sich ein Jahresplan an. Der erste Schritt besteht darin, fixe Daten und Termine zu ermitteln, etwa Feiertage und Schulferien. Hinzu kommen Ereignisse wie Wahlen, Weltmeisterschaften, Stadt(teil)feste und Jubiläen. Ungeschickt wäre es, wenn Sie beispielsweise ein Konzert auf den Abend eines sportlichen Großereignisses legen würden. Im zweiten Schritt berücksichtigen Sie in Ihrer Planung eigene Termine. Dazu zählen besondere Gottesdienste mit öffentlichem Charakter, etwa Taufgottesdienste oder Gästegottesdienste.

Sowohl als auch
Diesen Terminen ordnen Sie Ihre angedachten Maßnahmen zu. Achten Sie darauf, dass Ihre Aktionen sowohl die eigene Gemeinde („Stamm") als auch das weitere Umfeld („Äste und Zweige") umfassen. Planen Sie sowohl inhaltliche Impulse als auch eine öffentliche Werbung. Von innen nach außen – so können Ihre Ziele gelingen. Wichtig ist, Überschneidungen etwa mit den Schulferien zu vermeiden. Ideal ist es, wenn Sie öffentliche Ereignisse wie Stadtfeste für Ihre Zwecke nutzen können.

Planen Sie sowohl inhaltliche Impulse als auch eine öffentliche Werbung.

Höhepunkte
Erfahrungsgemäß sind im deutschsprachigen Raum der November und Dezember die ergiebigsten Spendenmonate. Es gibt Organisationen, die 80 Prozent ihrer Spendeneinnahmen in diesen beiden Monaten erzielen. Ein Grund ist sicher das traditionelle „Weihnachtsgeld" vieler Arbeitnehmer. Hinzu kommt aber auch die typische Weihnachtsstimmung. Dies sollten Sie nutzen und besondere Spendenaktionen einplanen. Es wäre aber tödlich, wenn Sie sich auf diese beiden Monate allzu sehr verließen. Ihr Ziel sollte vielmehr eine dauerhafte Spendenwerbung mit möglichst gleichmäßigen Einnahmen durch das Jahr hindurch sein.

Es lohnt sich!
Spendenwerbung kostet Geld, Zeit und Energie. Aber sie lohnt sich für Kirchen und Gemeinden gleich mehrfach. Neue finanzielle Ressourcen werden erschlossen, Kreativität und Teamgeist Ihrer Mitarbeiter werden gefördert – und nicht zuletzt bringt gelungenes Fundraising in jedem Fall einen Imagegewinn für Ihre Kirche oder Gemeinde. Dafür wünschen wir Ihnen viel Erfolg!

Schlagworte